去日本自助旅行！

自助旅行

給超新手的旅遊密技

全圖解

暢銷最新版

推薦序
FOREWORD

日本因為距離近而飛行時間短、餐點美味接受度高、乾淨整潔，是很多人第一次嘗試自助旅行的國家，我也是。

這幾年下來，帶著孩子一起走過日本、澳門、捷克、希臘、義大利、立陶宛、拉脫維亞、愛沙尼亞、芬蘭、奧地利、匈牙利及加拿大等多國，最令人難忘的就是第一次自助的經驗了。

還記得那一趟和朋友一起去日本，因為是第一次自助，對旅行完全沒有概念，所以什麼都不懂，怎麼挑選適合的車票、怎麼搭車、怎麼點餐，就連買了車票要如何刷卡都可以愣在閘門前許久，再加上懷著老大 Ryan 剛滿 3 個月的忐忑，這些種種對我來說都是既新鮮、陌生又緊張的體驗與回憶。

2012 年我在背包客棧注意到詠怡（超級旅行貓），在當時背包客棧裡的眾多旅遊文章中特別令人印象深刻，她的文章邏輯清晰、簡單易懂，讓旅人們可以很快速清楚地獲得最完整的旅遊資訊，成為了許多人在準備行前功課時必讀的旅遊文章。

詠怡是個認真且樂於分享的旅人，在完成了澳門及北海道共三本書之後，很開心看到她出了這本可以說是日本旅遊工具書 GUIDE BOOK 的著作！

這本書從最基本的行前準備、交通、購物、溫泉介紹講起，還完整解答了很多人的疑問，像如何挑選日本自助旅行的區域、不會講日文的障礙、如何開始準備日本自助旅行，到大家最頭痛的交通問題，甚至連租車、自駕都介紹到，也太貼心了！除此之外，詠怡還挑了東京、關西、北海道、九州及山陰山陽等非常值得造訪的旅遊區域做詳細的介紹喔！

對於想要前往日本自助旅行的朋友來說，有這本集合各類資訊於大成的旅遊書實在是太方便了！推薦給大家！

WISE 歐韋伶
FB 粉絲專頁 ‧ BLOG：三小二鳥的幸福生活

作者序
PREFACE

這是我寫的第二本日本旅遊書，也是我寫的第四本旅遊書了，首先很感謝各位讀者一直以來的支持！屈指一算，已去過日本十次了，當中自助旅行占了六次，或許對比一些旅遊達人來說不算很多，但從多次自助旅行當中也累積了不少經驗，而且因為我實在太喜歡日本了，和我志同道合，同樣喜歡日本的朋友也很多，所以希望能透過這本書，與大家分享我前往日本遊玩的經驗。

以前我雖然去過很多地方自助旅行，但始終不敢嘗試在日本旅遊，原因很簡單，就是因為我不會日文，而且日本的交通又複雜，擔心自己掌握不來。很感謝我的一位好朋友Grace的鼓勵，讓我有勇氣踏出第一步，去關西試試自助旅行，這才發現，原來去日本自助旅行並沒有我想像中這麼難，之後便愈去愈頻繁，也試過自駕、看雪祭、前往山陰山陽等較有挑戰性的行程。

因為常在日本搭乘各種交通工具，也曾試過自駕，而且對日本的美食和名物情有獨鍾，亦愛發掘一些比較新奇有趣的景點，這幾年來，累積了不少經驗，也學會了不少到日本自助旅行的小技巧。市面上有很多日本旅遊書，都是以景點介紹為主，雖然有些也有交通、住宿、交通票券的資料，但都是一般的資訊，技巧分享方面較少，所以靈機一動，寫了這本書，希望和大家分享一些私房小攻略，幫助第一次去日本自助旅行，或是不會日文，卻很想去日本自助旅行的朋友！

這本書以認識日本、行前準備、機場、交通、購物、餐飲、溫泉及其他事項分類，以問題方式，全方位介紹日本自助旅行的入門知識，猶如自助旅行字典一樣，能輕鬆查詢各個問題的答案，並分享一些私房經驗及密技，例如自駕及利用公共交通工具旅行時行程規劃的技巧、如何訂交通券才能省錢、選擇住宿地點需要注意什麼、不會日文也能輕鬆遊玩日本的方法等。涵蓋最受台灣遊客歡迎的日本觀光地區——東京、關西、北海道、九州及山陰山陽，推薦的行程、景點及各種美食名物。

希望大家在看完這本書後，對前往日本自助旅行更有信心，旅程更順暢，發掘日本旅行無限的美好和樂趣！

超級旅行貓

國境解封後的日旅注意事項

在台灣放寬對疫情的出入境限制後，很多人出國的第一選擇都是到日本。但別忘了疫情沒有消失，不管台灣或日本，在疫情之後的觀光旅遊政策都有一些變化。如果你以前已去日本玩過好幾次，而現在仍抱持著一樣「說走就走」的想法直衝日本，那可能會因為「一時大意沒有查」的結果，卡在某些出入關流程、或在日本當地發生一些問題。建議你花 3 分鐘快速看完以下重點，順便檢查一下是否自己都做好準備囉！

※ 防疫政策、出入境手續，可能依疫情變化而時常改變。以下資訊以概念性為主，實際最新狀況請隨時到相關網站查詢。

檢查護照是否已過期、快過期

大部份的國人因為疫情關係，至少有兩年多不曾出國，也許就在這兩年你的護照剛好要過期了，如果有出國計畫，第一步就是打開護照看一下「效期截止日期」，因現在換發護照的人潮眾多，至少提前兩週去辦理比較保險，並且記得順便辦快速通關喔！

※ 若要換發護照但沒時間排隊，也可找旅行社代辦，速度會更快。
※ 若之前沒有護照，第一次申辦的人，可就近到任一個戶政事務所，現在臨櫃有提供「一站式服務」，新辦護照也可以受理。

 外交部領事事務局　　　　　 **戶政事務所辦理護照說明**

線上填寫 Visit Japan Web（VJW），加快入境日本

以前飛往日本，在機上都會發兩張紙本的單子，一張是入境卡（下飛機第一關檢查護照時要交）、一張是給海關用的（有無攜帶違禁品，拿行李出海關時要交）。現在在日本已經採取線上化，連同疫苗審查手續都一起整合成「Visit Japan Web」，請務必提前幾天到此網站申請帳號並登錄完成，過程中需上傳護照、數位疫苗證明，及填寫一些旅程相關資料，加上還要等候審查，如果是到了日本下飛機才填寫會來不及喔！

※ 若未線上填寫 VJW，也仍然可以用以前的紙本單子流程（在機上跟空服員索取），但通關過程可能會耗時較久。

 Visit Japan Web　　　　　 **VJW 的常見問題說明**

確認最新入境政策

日本於 2023 年 4 月 29 日起新冠肺炎降級，室內外口罩令已經解除，4 月 29 日降級後也不再看疫苗證明及 PCR 證明了。建議於出發前至少兩週查詢官方簽證及檢疫網站，確認最新入境規定。

 數位疫苗證明
線上申請

 外交部的前往日本須知

出入境都儘早提前過安檢

不管從台灣出發、或從日本回台，建議都早點過安檢關卡，因為現在旅客爆增，機場人力不太足夠，安檢的關卡常大排長龍。如真的隊伍太長，而你已接近登機時間了，航班的空服員會在附近舉牌子（上面寫有班機號碼），只要舉手回應表明是該班機乘客，就可以帶你加速安檢通關。

※ 目前有些機場貴賓室、餐廳都是暫停營業狀態，過了安檢之後的吃飯、休息選擇可能沒那麼多，請自行留意。

如果需要防疫險、旅平險、不便險

目前有些海外旅平險雖有醫療救助，但會排除確診項目。而不便險也是一樣情形，請留意理賠範圍是否有包含：
1. 海外確診的醫療。
2. 因疫情而造成的行程延誤（如班機取消）是否有賠償。

 日本興亞保險

 美商安達保險

在日本上網更方便的 e-SIM 卡

很多人到日本要手機上網，會另外買專用的 SIM 卡，但缺點是要拔卡換卡很麻煩。現在新手機都有支援數位虛擬的 e-SIM 卡，像遠傳、台哥大、KLook、KKday 等都有日本上網用的 e-SIM 卡方案，即買即用，只要在手機上做設定就好，可自行上網搜尋相關資訊。

※ 使用 e-SIM 卡時，請將手機國內號碼的漫遊功能關閉，以免誤用台灣號碼漫遊連網。

目錄
CONTENTS

CHAPTER 5 餐飲

附 錄

本書所列相關資訊以 2023 年 1 月為基準，
資訊因時因地會調動，
出發前請利用書中的網址再次確認。

Chapter 1
認識日本

～～～～～～～～～

日本是一個什麼樣的國家？

日本有什麼好玩的地方？

我適合去日本哪個地區旅行？

我不會日語，也可以去日本旅遊嗎？

日本是一個什麼樣的國家？

旅遊過很多國家，日本給我的印象一直非常好，每次造訪，都有一種很舒服、很安心的感覺。的確，日本是一個很美麗、很可愛的國家，當地人既有禮又熱情，讓不少國外旅客留下了深刻印象，這也是在許多旅遊網站的最受歡迎旅遊地點調查中，日本總是名列前茅的原因吧！

日本人非常講求禮節，從他們日常生活的細節表現也能觀察得到，例如坐車時不講電話、使用電梯時會讓出通道給趕時間的人、每次進入店舖時都會聽到「歡迎光臨」的招呼語，而不論客人有沒有購買東西，店員都會帶以微笑說一句「謝謝」、在交通擁擠時會平靜等候，甚少按喇叭催促等。日本人以禮讓聞名，他們不喜歡為別人帶來麻煩，所以在日常生活中，總是給人一種彬彬有禮的感覺。

另外，日本也很重視環保，各方面的生態保育都做得很好，例如釧路的保育人員每年都會為丹頂鶴準備食物過冬，實在是很令人欣賞的舉動！每一處的垃圾都會進行分類，盡量循環再用。當然，日本人對包裝過於重視，導致許多紙張和物料的浪費也是事實，不過，就近年所見，日本食物的包裝都簡化了，減少不必要的包裝，也可見他們在環保上的努力。

日本人生活習慣井然有序，而且因為文化與台灣較為相近，旅遊資源豐富，不論是長途或短途旅行都很適合，特別受到台灣旅客的歡迎。除了深受遊客喜愛的東京和大阪之外，日本當局致力開拓其他地區的旅遊資源，九州、北海道、山陰山陽地區也成為熱門的旅遊地點。

日本可以遊玩的地方真的很多，如果你從來沒有去過日本，很推薦前往看看；如果你已經旅遊日本很多次，也很鼓勵到一些從來沒有去過的地方看看，會發現不少意外驚喜喔！

日本基本資料

地理位置

日本位於亞洲大陸的東邊，屬於東亞地區。全國的面積 377,873 平方公里。國土分為四大主要島嶼：本州、九州、北海道及四國，還包括周圍約 4000 多個小島。

人口

1 億 2,600 萬人以上，擁有最多人口的城市為東京。

語言

以日文為主，但所有日本人在義務教育時期都學習過英語，所以只要講得慢一點，簡單一點，是能以基本的英語與他們溝通的。

時差

比台灣快 1 小時。

國定假日

日期	節日名稱及意義	
1 月 1 日	元旦	慶祝新一年的到來
1 月的第 2 個星期一	成人節	祝福將要成年，邁開新一步的年輕人
2 月 11 日	建國紀念日	慶祝國家的建立
2 月 20 日（或者 21 日）	春分節	感謝及讚美大自然的節日
2 月 23 日	天皇誕辰	天皇的壽辰
4 月 29 日	昭和日	紀念繁榮的昭和時代
5 月 3 日	憲法紀念日	日本憲法的施行紀念日
5 月 4 日	綠色日	對大自然表示感恩之情，培養愛護自然之心的節日
5 月 5 日	兒童節	祝願兒童能健康快樂成長的節日
7 月的第 3 個星期一	海洋節	對海洋表達感恩之情
9 月的第 3 個星期一	敬老節	對多年來為社會貢獻良多的長者表示謝意
9 月 23 日（或者 24 日）	秋分節	紀念已故親人，表達對他們的思念與尊敬
10 月的第 2 個星期一	健康體育節	培養健康生活，讓大家了解運動的好處
11 月 3 日	文化節	表達對自由和平的熱愛
11 月 23 日	勞動感謝節	對勤勞工作者表示尊重

營業時間

銀行：平日 9:00 ～ 15:00，星期六日及公眾假期關門。
郵局：平日 9:00 ～ 15:00，星期六日及公眾假期關門。
百貨商店：平日、星期六日及公眾假期都是 10:00 ～ 19:30。因為百貨商店在平日也會進行定休，營業時間請留意每間商店的資訊。
商店：平日、星期六日及公眾假期：10:00 ～ 20:00。
美術館及博物館：平日、星期六日及公眾假期：10:00 ～ 17:00，大部分星期一休息。

信用卡消費

VISA、MASTER、JCB 都十分普遍。

飲水

自來水可以直接飲用。

貨幣

以日圓為主要貨幣，硬幣分為 1 円、5 円、100 円、500 円，紙鈔分為 1000 円、2000 円、5000 円及 10000 円。

電壓（電器使用）

電壓為 100 伏特，電器使用雙面腳插座，圓柱型插頭及三腳插頭是不能使用的。

匯率

100 日圓大約等於 23 台幣。
（2023 年 1 月匯率）

日本各地區介紹

九州地區

範圍：福岡、熊本、長崎、宮崎、鹿兒島、大分及佐賀 7 縣

氣候：溫暖多雨，尤其是夏天，颱風來襲機會比其他各區高

主要景點：福岡市、熊本城、熊本 KUMAMON SQUARE、長崎平和紀念公園、長崎 GLOVERS GARDEN、宮崎鬼之洗濯板、日南海岸等

祭典：山笠祭－博多祇園，7 月 1 日～15 日；熊本火國祭：每年 8 月的第一個週五～週日；宮崎縣日向火男夏日祭：8 月第一個週六為主祭典，並於前一天週五舉辦前夜祭

溫泉：別府溫泉、湯布院溫泉、黑川溫泉

賞櫻熱點：舞鶴公園（福岡市）

適合什麼類型的遊客：已去過日本旅行，喜歡豐富多元旅程的遊客

沖繩地區

範圍：沖繩本島及南部離島

氣候：氣候炎熱，即使在冬天也較溫暖。

主要景點：那霸國際通、首里城、萬座毛、美麗海水族館、青之洞窟、琉球文化村等。

祭典：

那霸龍舟：每年 5 月 3 日至 5 日

萬人 Eisa 太鼓舞遊行：8 月第一個週日

賞櫻熱點：名護中央公園

適合什麼類型的遊客：喜歡文化體驗，以及與日本其他地方不同風情的遊客

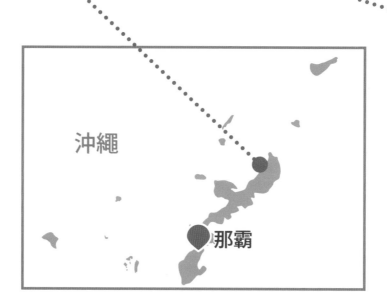

沖繩

那霸

四國地區

範圍：香川、德島、愛媛、高知 4 縣

氣候：北部雨量較少，氣候溫暖，夏天較乾旱；南部溫暖多雨，夏天有時會有颱風

主要景點：松山市、鳴門漩渦、小豆島、高松市

祭典：

阿波祭典：8 月 12 日～8 月 15 日

香川讚岐高松花火祭：8 月 12 日～8 月 14 日

高知 YOSAKOI 夜來祭：8 月 9 日～8 月 12 日

溫泉：道後溫泉

賞櫻熱點：愛媛城山公園、德島眉山公園

紅葉熱點：大步危及小步危、香川大窪寺

適合什麼類型的遊客：喜歡自然風光或已去過日本大部分地區，想尋求新鮮的遊客

中國地區（山陰山陽）

範圍：廣島、島根、岡山、鳥取、山口，共 5 縣

氣候：靠近瀨戶內海的廣島、岡山、山口南部溫暖少雨，島根、鳥取及山口北部雨雪較多

祭典：岡山桃太郎節：8 月 2 日～4 日

山口七夕燈節：8 月 6 日～7 日

鳥取鏘鏘祭：8 月 13 日～15 日

溫泉：玉造溫泉

賞櫻熱點：後樂園（岡山）

紅葉熱點：紅葉谷公園（宮島）

適合什麼類型的遊客：已去過日本多次，想尋求新鮮的遊客

中部

名古屋

中國

京都

廣島

大阪

博多

關西

松山

四國

九州

關西地區

範圍：大阪、京都、奈良、兵庫、滋賀及和歌山，共 2 府 4 縣

氣候：冬天偶爾下雪，氣候舒適，夏天較熱，因為靠近瀨戶內海，降雨較少

主要景點：大阪城、道頓堀、心齋橋、黑門市場、清水寺、金閣寺、嵐山、東大寺、白濱溫泉等

祭典：

祇園祭：京都八坂神社，7 月

天神祭：大阪天滿宮，7 月 24 日～25 日

溫泉：南紀白濱溫泉、有馬溫泉

賞櫻熱點：円山公園（京都）、哲學之道（京都）、醍醐寺（京都）、南禪寺（京都）、大阪造幣局（大阪）、大阪城公園（大阪）

紅葉熱點：嵐山（京都）、天龍寺（京都）、哲學之道（京都）、清水寺（京都）

適合什麼類型的遊客：第一次造訪日本，喜歡購物和古蹟遊覽的遊客

中部地區

範圍：靜岡縣、愛知縣、富山縣、石川縣、福井縣、山梨縣、長野縣、新潟縣和岐阜縣 9 縣

氣候：夏天炎熱，冬天並不像東北及北海道寒冷，但在某些地區也會下雪

主要景點：名古屋市及樂高樂園、白村鄉合掌村、立山黑部、飛驒、金澤、輕井澤、富士山、伊豆半島

祭典：

高山祭：4 月 14 日～15 日

熱田祭禮：6 月 5 日

合掌村點燈：冬季期間，日期於每年 6 月中公布

溫泉：熱海溫泉、下呂溫泉

賞櫻熱點：伊豆南半島河津、金澤兼六園、河口湖畔

紅葉熱點：輕井澤雲場池、富士河口湖紅葉迴廊、飛驒之里、立山、金澤兼六園

適合什麼類型的遊客：喜歡自然風光及日本純樸風情的遊客

北海道

札幌

東北

仙台

中部

名古屋

關東

東京

北海道地區

範圍：道央（札幌一帶）、道北（旭川、稚內一帶）、道東（網走、釧路及帶廣一帶）、道南（函館、登別等）

氣候：為日本最冷的地區，冬季可達零下十幾度，常有大雪；夏季則天氣怡人，雖然有時也達 30 度，但比其他地區清涼。

主要景點：狸小路、小樽運河、釧路濕原、道東三湖、知床半島、洞爺湖、登別等

祭典：雪祭：札幌大通公園，2 月上旬

雪燈之路：小樽運河，2 月上旬至中旬

冰瀑祭：層雲峽溫泉街，2 月至 3 月

富良野肚臍祭：7 月 28 ～ 29 日

溫泉：登別溫泉、洞爺湖溫泉、定山溪溫泉、層雲峽溫泉、十勝溫泉

賞櫻熱點：芝櫻公園（網走）

紅葉熱點：層雲峽、定山溪豐平峽

適合什麼類型的遊客：喜歡大自然，享受自駕的遊客

東北地區

範圍：福島、宮城、岩手、青森、山形、秋田 6 縣

氣候：冬天時常下雪，氣候寒冷，夏天則較清涼

主要景點：角館武家屋敷、藏王樹冰、仙台松島、豬苗代湖、青森市、仙台市等

祭典：

青森睡魔祭：8 月 2 日～ 8 月 7 日

仙台七夕祭：8 月 6 日～ 8 月 8 日

秋田竿燈祭：8 月 3 日～ 8 月 6 日

山形花笠祭：8 月 5 日～ 8 月 7 日

溫泉：銀山溫泉、花卷溫泉

賞櫻熱點：青森弘前公園、角館武家屋敷

紅葉熱點：青森奧入瀨溪流、宮城鳴子峽、岩手中尊寺

適合什麼類型的遊客：已去過日本多次，喜歡特別祭典的遊客

關東地區

範圍：東京都、茨城縣、栃木縣、群馬縣、埼玉縣、千葉縣、神奈川縣

氣候：冬天偶爾降小雪，6 月為雨季，夏天溫度達 30 度以上

主要景點：淺草寺雷門、迪士尼樂園、橫濱港、箱根、鎌倉等

祭典：神田祭，5 月上旬～中旬

溫泉：箱根溫泉

賞櫻熱點：皇居

適合什麼類型的遊客：第一次造訪日本，或是喜歡購物和主題樂園的旅客

日本有什麼好玩的地方？

 本是一個旅遊元素非常豐富的國家，以下盡數日本的十大好玩之處！

名勝古跡

在關西的京都、奈良、宇治等地區，有著數不盡的古蹟，例如清水寺、金閣寺、東大寺、平等院等。當然也少不了日本最具代表性古蹟──東京的淺草寺雷門和宮島的嚴島神社海中大鳥居了。

自然風光

北海道一帶以風光明媚見稱，富良野的花海、美瑛的原野、優雅的道東三湖，還有中部的立山黑部、合掌村；四國的鳴門漩渦、大步危及小步危等，景色如詩如畫。

盡享美食

日本各個地區都有不同的名物，東京的海鮮、京都的抹茶、大阪的章魚燒和大阪燒、神戶的神戶牛、北海道的哈蜜瓜及玉米和藍爵馬鈴薯、岡山的桃子、鳥取的二十世紀梨等，沖繩的苦瓜及琉球料理等，絕對是饕客的天堂！

溫泉巡禮

日本有數不盡的溫泉鄉，如九州的別府、由布院，北海道的登別、阿寒湖、定山溪、層雲峽，東北的銀山溫泉、花卷溫泉，以及和歌山的白濱和勝浦等，東京附近的箱根、神戶附近的有馬，喜歡泡湯的遊客絕對不容錯過！

購物血拚

血拚一族到東京、大阪、福岡、名古屋、那霸等城市一定會陷入瘋狂！琳瑯滿目的商品，數之不盡的商店街，全都在等著你大駕光臨喔！

親子同遊

日本有很多有趣又益智，適合一家大小一起玩樂的景點，例如橫濱和大阪的杯麵博物館、和歌山的貓列車和貓車站、旭川的旭山動物園、熊本的 KUMAMON SQUARE、沖繩的美麗海水族館及琉球文化村等，一定能令大小孩子們盡興而歸！

賞櫻花 ‧ 看紅葉

日本有不少賞櫻和看紅葉的景色熱點，像京都円山公園的夜櫻、層雲峽的紅葉、北海道的芝櫻等，金澤兼六園的櫻花和紅葉，都非常吸引人呢！

動漫天堂

作為動漫大國的日本，擁有不少以動漫為主題的景點，動漫粉絲到東京的秋葉原、中野、池袋乙女之路，大阪的日本橋等，一定會買到錢包大失血；到境港的水木茂鬼太郎之路、新千歲機場的哆啦A夢樂園、東京的三鷹之森美術館，一定會開心笑到合不攏嘴！

主題樂園

日本各個地區都有著名的主題樂園，例如東京的迪士尼、大阪的環球影城、長崎的豪斯登堡、名古屋的樂高樂園等，保證玩幾天也玩不完！

趣味祭典

日本的祭典十分聞名，例如札幌的雪祭、青森睡魔祭、高山的高山祭、德島的阿波祭、合掌村的點燈節、京都的祇園祭、富良野的肚臍祭、層雲峽的冰瀑祭等，絕對適合喜歡新奇有趣事物的你！

在京都街頭，偶爾能找到舞妓的身影（也有可能是遊客變身的喔）

1 日本作為溫泉之國，擁有不少地獄（即高溫的溫泉），這裡是九州別府著名的血池地獄 2 由布院的金鱗湖景色如畫 3 京都擁有多座文化遺產，最具代表性，人氣最高的當數清水寺 4 日本的三大地標之一：宮島的海中大鳥居 5 旅行之餘，還可以逛逛博物館，了解日本的文化。圖中為倉敷的鄉土玩具博物館 6 位於岡山附近的倉敷，是著名的水鄉

我適合去日本哪個地區旅行？

想 知道你適合前往日本哪裡旅行嗎？一起玩玩看以下這個小遊戲，先選出自己喜愛的元素，再連到最適合的旅遊目的地吧！

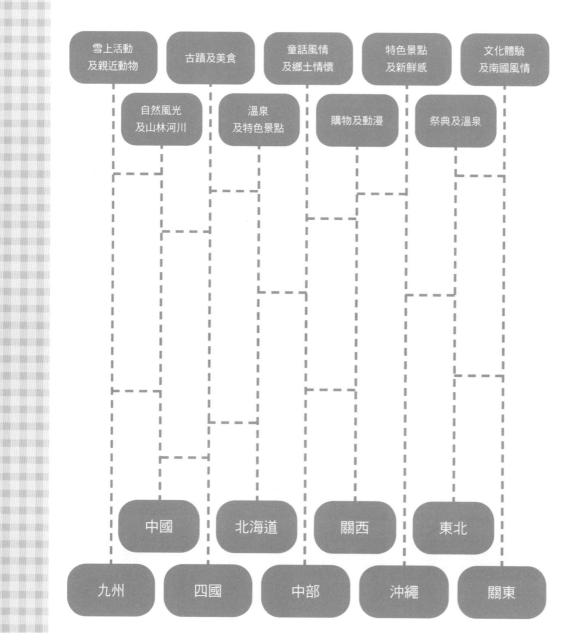

雪上活動及親近動物　古蹟及美食　童話風情及鄉土情懷　特色景點及新鮮感　文化體驗及南國風情

自然風光及山林河川　溫泉及特色景點　購物及動漫　祭典及溫泉

中國　北海道　關西　東北

九州　四國　中部　沖繩　關東

日本的旅遊資源豐富，觀光元素多元，不論屬於哪一類型的遊客、擁有什麼樣的喜好，相信都能在日本找到樂趣！不過，當然不同的地方其旅遊元素也不一樣，以下簡單介紹日本較為熱門的旅遊地，大家可以按照自己的喜好選擇！

關東地區

東京市內：購物、動漫、美食、主題樂園
箱根：美術館、溫泉、休閒、風景
橫濱：購物、玩樂、親子

關西地區

大阪市內：購物、美食、主題樂園
京都、嵐山、伏見、宇治：古蹟、風景、美食
奈良：古蹟、動物、親子
白濱及勝浦：風景、溫泉、美食

北海道地區

札幌：購物、美食、祭典
旭川：動物、親子、美食
小樽：風景、購物
層雲峽：溫泉、風景
定山溪、洞爺湖、登別：溫泉、風景
富良野、美瑛：花海、田野、美食
知床及道東三湖：風景
釧路：美食、動物

九州地區

福岡：購物、美食
熊本及阿蘇：古蹟、風景
長崎：主題樂園
佐賀：美食
別府、由布院：溫泉、風景
宮崎、鹿兒島：風景

中國地區（山陰山陽）

廣島：古蹟、歷史、美食
宮島：古蹟、動物
岡山：古蹟、美食、風景
鳥取：風景、動漫
出雲（島根）：古蹟

中部地區

名古屋：購物、美食、主題樂園
岐阜、飛驒：鄉土風情
立山黑部：自然風光
高山：祭典

東北地區

青森：自然風光
秋田：江戶風貌
岩手：古蹟
山形：溫泉、自然風光
宮城：美麗島嶼

四國地區

德島：祭典、自然奇景
香川：古蹟
愛媛：溫泉
高知：歷史

沖繩地區

本島：文化體驗、水上活動、浮潛
離島：浮潛、自然風光

我不會日語，
也可以去日本旅遊嗎？

一開始，我也因為不會日語而不敢到日本自助旅遊，直到第一次嘗試過後才發覺，原來到日本旅遊根本沒有什麼難度！最重要的是自己是否願意跨出第一步！

地名多為漢字

日本的地名多為漢字，火車、巴士、電車上都設有到站通知設備，基本上都是使用漢字。如果遇到只有語音報站的情形，也一樣可以解決，只要先做些功課，熟記目的地的發音即可。

指示清楚

在日本，無論是火車站、巴士站、電車站、碼頭等指引都相當清楚，也設有很多指示牌，而且在遊客較多的城市，其指示牌上也會標示英語，只要跟著指示牌的引導，就不怕走錯路了！

點餐簡單

日本許多餐廳的菜單上都附有照片或圖畫，甚至店外也有食物的模型，只要指指菜單，再向店員示意需要多少份，點餐也毫無難度！

使用 GPS 定位找路

只要購買了日本當地的上網卡，就可以使用手機的 GPS 定位功能找路，基本上要問路的機會也不多呢！（請參閱 P.54）

住宿手續簡易

日本飯店和商務酒店的工作人員多數都具備英語能力，即使入住的是民宿，其主人不會英語也沒問題，只要將訂房單交給他，他就會幫你辦好入住手續，需要支付費用時也是使用計算機顯示，基本上需要交談的機會並不多，所以也不用擔心！

日本逛街注意事項

日本的治安良好，甚少出現搶劫的情況，基本上在日本旅遊非常輕鬆安心。不過在外旅遊，人身安全還是多注意比較好。

❶ 財物不外露，貴重物品收在有拉鏈的包包裡，包包盡量放在身前，如果放在身後，可以在拉鏈處上鎖。
❷ 遇到喝醉酒的人，最好主動避開。
❸ 在人多的地方如火車、巴士等地方，需要多加注意財物。
❹ 避免在深夜單獨外出。

Chapter 2
行前準備

行前準備有什麼步驟？
什麼時候需要開始準備？

 本旅行的行前準備其實並不困難，只要給自己約 3 個月時間，
一步步進行即可！

3 個月前

| STEP 1 收集資料 P.25 | → | STEP 2 準備證件 P.30 | → | STEP 3 購買機票 P.32 |

2 個月前

| STEP 4 安排行程 P.34 | → | STEP 5 預訂住宿 P.44 |

2 星期前

| STEP 6 兌換日圓 P.53 | → | STEP 7 購買 上網 SIM 卡 P.54 |

出發前 **1** 週

| STEP 8 購買保險 P.55 | → | STEP 9 打包行李 P.56 |

可以使用哪些網站和 APP 找尋資料？

實用 網站

景點資訊類

日本觀光局

以美食、玩樂、購物等主題介紹日本的旅遊攻略，並提供分區行程編排、各地特色等，對排定行程很有幫助。

樂吃購！日本

以日本各大地區劃分，提供美食、購物、玩樂、住宿、交通、行程編排等各種資訊，無論是前往任何地區的旅客，都可在此找到很有幫助的資料。

東京旅遊官方網站

以東京的旅遊資訊為主，介紹各種玩樂、購物，最重要的是交通資料十分齊全，包含各種交通優惠車票。除了景點之外，還有各式甜點和必買伴手禮的介紹！

大阪觀光局

介紹大阪的祭典、節慶、熱門景點、市區和郊區的推薦行程，更提供了如何以大阪為據點在關西遊玩，大阪的親子景點、歷史文化介紹等，讓遊人對大阪有更深入的了解。

GOOD DAY 北海道

詳盡介紹北海道每個地區的季節活動，瀏覽後可以對於慶典的時間和地點瞭若指掌，也可參考網站提供的行程排定適合自己的行程。

九州觀光推進機構

介紹九州各個地區的景點及特別活動，更可以下載到九州的觀光手冊。

旅 東北

除了必備的景點及旅遊資訊介紹之外，更提供了一些和東北旅遊資訊有關的部落格和觀光特輯，即使網路上有關東北的資料較少也不用煩惱。

遇見山陰山陽

從自由行到跟團經驗都包括其中，如何找路、乘車、找尋餐廳都能輕鬆查詢，並可掌握各種行前交通資訊，可以充滿自信地出發！

Centrip Japan 旅遊官網

有多篇關於各個地區不同景點的旅遊專題文章，除了景點外，也有交通票券、行程規劃、美食、住宿、購物等實用資訊。

Tourism Shikoku

　介紹四國旅遊的觀光、美食、交通、推薦行程等，也有一些專題觀光介紹影片。

VISIT OKINAWA JAPAN

　各種沖繩的熱門活動：賞櫻、浮潛、賞鯨、文化、運動等資料非常齊全，可以一次排定充滿動感的沖繩之旅！

換錢資訊類

YAHOO 外匯換算

　只要輸入所需要的貨幣，就能計算各種外幣之間的匯率，方便易用。

天氣查詢類

日本氣象廳官網

　以地區可以搜尋日本各地的天氣預報，在出發前能查詢天氣和溫度，掌握準備衣服的資訊。

自駕類

樂天租車

以日期和取車、還車地點搜尋出適合自己的租車方案，而且還包含許多在國際租車網站找不到的租車公司，很多時候價格甚至比官網還要便宜。

日本各景點 MAPCODE 查詢

自駕時，如果遇上自然景觀，例如瀑布山林等，並沒有電話，就需要使用 MAPCODE 導航，而這個網站可以搜尋到各個地區景點的 MAPCODE。

自駕車程查詢 GOOGLE MAP

可以幫助計算景點與景點之間的行車距離及所需時間，也可選擇有料（收費）及無料（免費）的路線。

公共交通類

YAHOO 轉乘查詢

只要輸入出發站、到達站及時間，即能找到日本各地的交通資訊，包括需要搭乘什麼電車、轉乘什麼交通工具、所需的時間和車資等，有了它，交通就能輕鬆搞定！

櫻花、紅葉情報類

櫻花情報

以地區搜尋各地櫻花預報，在出發前可以掌握開花日期，便於安排賞花行程。

紅葉情報

除了預報之外，更介紹觀賞紅葉的熱點，可掌握欣賞紅葉的第一資訊。

實用 APP

語言類

日本食物字典

以各種餐廳為分類，例如拉麵店、甜品店等，可迅速找到在該餐廳內常見美食的日文，點菜時只需要指一指即可。

一指神通遊日本

包含 3000 個常用單字及 400 句常用句子，分為購物、玩樂、交通、住宿、機場等，在不同地方都可以找到時常使用的日語。

備註：需費用。

我需要準備什麼證件？

前 往日本旅行，只需要備有台灣護照即可，並不需要簽證。另外，如果要到日本自駕，則還需要準備日文譯本駕照。

 護照

辦理對象

❶ 未持有護照者

❷ 護照效期不足 6 個月者

首次申請普通護照必須本人親自到外交部領事事務局或外交部中、南、東部或雲嘉南辦事處辦理；或本人向全國任一戶政事務所辦理人別確認後，再由委任代理人續辦護照。

＊自 103 年 4 月 1 日起，新北市政府開辦「護照親辦一處收件全程服務便民措施」，針對首次申請護照至該府轄內戶政事務所申辦人別確認民眾，比照旅行業者代送。

申請流程

向服務台索取護照申請書➡填妥護照申請書後抽取號碼牌➡赴櫃台遞件➡持繳費單向 1、2 號櫃檯繳費（一般申請案 4 個工作天，遺失補發 5 個工作天）➡憑繳費單向 21 或 22 號櫃檯領取護照

＊國軍、後備軍人、尚未履行兵役義務男子其申請流程有些許不同，請留意。

效 期

一般民眾護照效期以 10 年為限。

應備文件

❶ 滿 14 歲者：身分證正本、正反面影本；未滿 14 歲者：戶口名簿正本、戶口名簿影本或 3 個月內戶籍謄本正本乙份、父或母或監護人的身分證正本及正反面影本各乙份。役齡男子（19～36 歲，已服兵役者）另須準備兵役證件。

❷ 最近 6 個月內拍攝的白色背景照片 2 張（正面、脫帽、露耳、不遮蓋，表情自然嘴巴閉合不露齒，五官清晰之照片，直 4.5 公分，橫 3.5 公分，不含邊框）。

❸ 護照規費：成人 1300 元 / 未滿 14 歲 900 元。

工作天數

一般件為 10 個工作天；遺失補發為 11 個工作天。速件處理則須另收費用。

申辦地點

外交部領事事務局

◎ 台北市中正區濟南路 1 段 2 之 2 號 3～5 樓

☎ 總機：(02) 2343-2888，護照查詢專線：(02) 2343-2807、2343-2808

○ 週一至週五 08：30～17：00（中午不休息，另申辦護照櫃檯每週三延長辦公時間至 20：00 止

外交部雲嘉南辦事處

- 嘉義市東區吳鳳北路 184 號 2 樓之 1
- 總機：（05）225-1567
- 週一至週五 08：30 ～ 17：00（中午不休息，另申辦護照櫃檯每週三延長辦公時間至 20：00 止）

外交部南部辦事處

- 高雄市苓雅區政南街 6 號 3 ～ 4 樓
- 總機：（07）715-6600
- 週一至週五 08：30 ～ 17：00（中午不休息，另申辦護照櫃檯每週三延長辦公時間至 20：00 止）

外交部中部辦事處

- 台中市南屯區黎明路 2 段 503 號 1 樓
- 總機：（04）2251-0799
- 週一至週五 08：30 ～ 17：00（中午不休息，另申辦護照櫃檯每週三延長辦公時間至 20：00 止）

外交部東部辦事處

- 花蓮縣花蓮市中山路 371 號 6 樓
- 總機：（03）833-1041
- 週一至五 08：30 ～ 17：00（中午不休息，另申辦護照櫃檯每週三延長辦公至 20：00 止 * 每月 15 日定期派員赴臺東縣民服務中心（臺東市博愛路 275 號）辦理行動領務，服務時間為 12：00 ～ 17：00）

駕照日文譯本

辦理對象

想於日本開車旅遊者。

申請流程

前往監理所抽取號碼牌➡赴櫃台辦理➡收費➡憑當天現場領取。

應備文件

❶ 國民身分證正本
❷ 原領的汽車駕駛執照正本，如果國內駕照已逾有效日期，應先辦理換照（1 吋相片 1 張、規費 200 元）
❸ 辦理規費：100 元

工作天數

親自、委託申辦（如委託他人代辦者，代辦人應攜帶身分證正本以備查驗），於櫃檯受理，處理時間為 10 ～ 30 分鐘。

效　期

入境日本後的一年，若超過一年需重新出入境（但不需再重新申請譯本，只要台灣駕照沒有失效，譯本就可以無限次使用）。

申辦地點

台北市區監理所駕駛人管理科

- 台北市松山區八德路 4 段 21 號
- （02）2763-0155 分機 201-203
- 週一至週五 08：30 ～ 17：30（17：30 截止收件）

台北市區監理所士林監理站第三股

- 台北市士林區承德路 5 段 80 號
- （02）28314155 分機 301、302
- 週一至週五 08：30 ～ 17：30（17：30 截止收件）

臺北市區監理所基隆監理站第二股

- 基隆市七堵區實踐路 296 號
- （02）24515311 分機 207
- 週一至週五 08：00 ～ 17：00

如何訂到便宜的機票？

 家一定都想降低出國的花費，到底什麼時間較容易買到便宜的機票呢？

選擇旅遊淡季出遊

避開旅遊的高峰時節，例如暑假、新年、聖誕、日本當地假期等，通常 9 月、10 月的氣候怡人，而且又是淡季，機票會較便宜，在這時候出發最好不過了！

留意航空公司的早鳥優惠

如果想去日本旅行，可以多留意有日本航線的航空公司資訊，很多時候航空公司都會推出促銷活動，雖然優惠機票通常都有時限，而且航班時間也不太好，但勝在價格較為便宜！以下是一些擁有日本航線的航空公司網站：

有日本航線的航空公司

台灣虎航
航點：東京（成田、羽田）、大阪、函館、札幌、福岡、仙台、高知、名古屋、那霸…
優點：航點較多，價錢也較便宜。

樂桃航空
航點：東京（成田）、大阪、那霸、福岡、札幌…
優點：航點覆蓋東京、大阪及那霸 3 個熱門城市，價錢便宜。

中華航空
航點：東京（成田、羽田）、大阪、札幌、福岡、那霸、名古屋…
優點：航點覆蓋部分最受歡迎的城市。

長榮航空
航點：東京（成田、羽田）、大阪、札幌、福岡、那霸、仙台…
優點：航點覆蓋部分最受歡迎的城市。

星宇航空
航點：東京（成田）、大阪、仙台、福岡、札幌、那霸…
優點：航點覆蓋部分最受歡迎的城市。

ANA

航點：東京（成田、羽田）、大阪、福岡、札幌、那霸等（台灣只直飛東京、大阪、札幌、福岡、那霸等熱門航點，如飛其他城市，需要在日本國內轉機）。

優點：航點覆蓋部分最受歡迎的城市，可以在日本國內轉機，前往一些較冷門的地點。

日本航空

航點：東京（成田、羽田）、大阪、福岡（台灣只直飛東京、大阪、福岡等熱門航點，如飛其他城市，需要在日本國內轉機）。

優點：航點覆蓋東京、大阪和福岡3個熱門城市，可以在日本國內轉機，前往一些較冷門的地點。

貨比三家　機票比價網站

利用比價網站進行比價，比較各航班的時間和價格，找出最適合自己的方案。

背包客棧

　台灣著名旅遊論壇提供的機票比價網站，只要輸入出發地、目的地及日期，就能輕鬆看到以價格排列的機票選擇。

ET TRAVEL 機票比價

　包括了台灣境內多個出發點及日本多個航點的機票比價，首頁也會列出多項機票促銷優惠方案。

如何安排行程？

提到自助旅行，相信很多人都會問：「會不會很麻煩？」、「事前準備會很繁複嗎？」，其實自助旅行的準備一點也不難！以下 step by step 教大家如何安排最好玩的自由行行程！

STEP 1　規劃行程表

決定要去哪裡，大約去多少天。例如我想去關西 7 天，可以制定一個行程表，如圖：

日期	景點	交通	餐飲及住宿	預算
DAY 1				
DAY 2				
DAY 3				
DAY 4				
DAY 5				
DAY 6				
DAY 7				

接著，決定每一天大概會在什麼區域遊玩：

日期	景點	交通	餐飲及住宿	預算
DAY 1	出發			
DAY 2	京都			
DAY 3	嵐山			
DAY 4	奈良			
DAY 5	大阪			
DAY 6	大阪			
DAY 7	回國			

一邊參考地圖，一邊將自己喜歡的景點放入行程表，可以按照順時針或逆時針方向安排景點先後，將所有鄰近的景點放在一起：

日期	景點	交通	餐飲及住宿	預算
DAY 1	出發			
DAY 2	京都 ❶ 清水寺 ❷ 河原町 ❸ 祇園 ❹ 金閣寺			
DAY 3	嵐山 ❶ 天龍寺 ❷ 竹林小徑 ❸ 嵐山公園 ❹ 渡月橋			
DAY 4	奈良 ❶ 猿澤池 ❷ 奈良公園 ❸ 東大寺 ❹ 春日大社			
DAY 5	大阪 ❶ 黑門市場 ❷ 道頓堀 ❸ 心齋橋			
DAY 6	大阪 環球影城			
DAY 7	回國			

查詢各景點之間的交通連接，並將交通方式填入行程表。日本的每種交通工具都設有官方網站，網站裡也都有很詳細的路線表和時刻表，例如當需要在京都搭乘巴士時，只要在 GOOGLE 裡輸入關鍵字「京都 BUS 或京都バス」，就能查到京都巴士的官方網站。至於 JR 則更簡單，只要到各大 JR 官方網站查詢即可。如果不知道連接兩個景點要使用什麼交通工具，則可以利用 YAHOO 的轉乘搜尋（詳細內容請參閱 P.154）。

日期	景點	交通	餐飲及住宿	預算
DAY 1	出發			
DAY 2	京都 ❶ 清水寺 ❷ 河原町 ❸ 祇園 ❹ 金閣寺	前往清水寺 （206 公車） 清水寺至河原町及 祇園（步行） 祇園至金閣寺 （12 號公車）		
DAY 3	嵐山 ❶ 天龍寺 ❷ 竹林小徑 ❸ 嵐山公園 ❹ 渡月橋	坐 JR 前往嵐山 各景點之間（步行）		
DAY 4	奈良 ❶ 猿澤池 ❷ 奈良公園 ❸ 東大寺 ❹ 春日大社	坐近鐵前往 奈良，各景點 之間步行		
DAY 5	大阪 ❶ 黑門市場 ❷ 道頓堀 ❸ 心齋橋	坐地鐵千日前線至 黑門市場，道頓堀、 心齋橋步行		
DAY 6	大阪 環球影城	坐 JR 往西九条， 轉前往櫻島方向 的火車去環球影城		
DAY 7	回國			

STEP 2　購買機票

決定要去哪裡後，接著就要去買機票了！可以到各大訂機票網站購買，也可到航空公司的官網購買（詳細內容請參閱 P.32）。

STEP 3　訂飯店

可以使用樂天及 JALAN 訂房，訂房時請留意地圖，觀察飯店是否位於車站附近，交通是否方便（詳細內容請參閱 P.44）。

STEP 4　決定自駕或購買交通周遊券

租車（自駕者）〔詳細內容請參閱 P.109〕及購買 JR PASS（適用者）〔詳細內容請參閱 P.129〕。

STEP 5　找尋餐廳

透過網路查詢資料，找出想吃又在行程之內的餐廳，安排到行程中（詳細內容請參閱 P.166）。

STEP 6　確認餐廳地點

利用 GOOGLE 找出餐廳的位置。

STEP 7　計算每餐預算

以我的經驗來說，早餐每人 1000 日圓，午、晚餐每人 2000 日圓就已經很充裕了。當然，如果預算較多，可以再吃好一點喔！

STEP 8　完成行程表

將住宿、餐飲及預算填入行程表裡，行程就大功告成了！

日期	景點	交通	餐飲及住宿	預算
DAY 1	出發			
DAY 2	京都 ❶ 清水寺 ❷ 河原町 ❸ 祇園 ❹ 金閣寺	前往清水寺（206 公車） 清水寺至河原町及祇園（步行） 祇園至金閣寺（12 號公車）	早：便利店 午：錦市場 晚：拉麵小路 宿：XX 飯店	巴士券：500 日圓 餐飲：5000 日圓 門票：1000 日圓
DAY 3	嵐山 ❶ 天龍寺 ❷ 竹林小徑 ❸ 嵐山公園 ❹ 渡月橋	坐 JR 前往嵐山 各景點之間（步行）	早：便利商店 午：稻湯豆腐 晚：和幸豬排 宿：XX 飯店	JR：1000 日圓 門票：500 日圓 餐飲：5000 日圓
DAY 4	奈良 ❶ 猿澤池 ❷ 奈良公園 ❸ 東大寺 ❹ 春日大社	坐近鐵前往奈良， 各景點之間步行	早：便利店 午：釜飯志津香 晚：美々卯烏龍麵 宿：XX 飯店	近鐵：2000 日圓 餐飲：5000 日圓
DAY 5	大阪 ❶ 黑門市場 ❷ 道頓堀 ❸ 心齋橋	坐地鐵千日前線至黑門市場，道頓堀、心齋橋步行	早：便利商店 午：黑門市場 晚：一蘭拉麵 宿：XX 飯店	地鐵：1000 日圓 餐飲：5000 日圓
DAY 6	大阪 環球影城	坐 JR 往西九条， 轉前往櫻島方向的火車去環球影城	早：便利商店 午：環球影城內 晚：環球影城內 宿：XX 飯店	JR：1000 日圓 門票：6000 日圓 餐飲：5000 日圓
DAY 7	回國			

日本有什麼類型的住宿選擇？
什麼類型的住宿最適合我？

日本的住宿類型眾多，例如 HOSTEL、MOTEL、膠囊旅館、日式民宿 / 旅館、商務飯店、飯店、溫泉飯店等，價錢及設施都各有不同，適合不同要求的遊客。以下列舉各種日本住宿類型的特色，可以挑選出最適合自己的住宿選擇！

▌HOSTEL

價位	較為便宜，每人約 3000 日圓一晚。
特色	多數是床位，設有儲物櫃供住客存放貴重物品。
設施	基本上需要的設施都很齊全，但多數是公共設施，例如洗手間、淋浴室、廚房、大客廳等，一般都設有免費 WIFI，更貼心的 HOSTEL 甚至設有電腦供住客上網。總體來說，HOSTEL 的設施很齊全，缺點只是皆為公用，使用時有時需要排隊。
餐飲	有些 HOSTEL 會提供簡單早餐，例如麵包、咖啡等。
優點	價錢便宜，而且可以認識更多來自不同國家的朋友。
缺點	私密度較低，財物也要格外小心保管。
適合的遊客	預算有限，只要求環境衛生的遊客。

▌膠囊旅館

價位	非常便宜的選擇，每人約 2000 ～ 3000 日圓一晚。
特色	房間空間很小，就像膠囊一樣，只提供睡覺的位置。
設施	膠囊內有簡單的設施，例如檯燈、電視等，其他設施則屬於公用，例如洗手間、淋浴間等。貴重物品可以存放在儲物櫃內。
餐飲	部分提供早餐。
優點	價錢便宜。
缺點	舒適度較低，空間也較狹小。
適合的遊客	預算較少，不介意睡覺空間狹窄的遊客。

▌飯店

價位	價錢較貴，雙人房約 10000 ～ 20000 日圓一晚。
特色	商務飯店的設施都有，而且較為豪華，環境也較好。
餐飲	多數都提供早餐。
優點	價錢較高，舒適度較高，設施也齊全，而且多位於車站附近，交通方便。
缺點	價錢較貴。
適合的遊客	講求舒適、地點方便，預算較多的遊客。

日式民宿 ・ 旅館

價位	比飯店便宜，每人約 3500 ～ 6000 日圓一晚。
特色	多數是日式的民房，睡覺環境為榻榻米，位置通常在住宅區內，但也有些較偏遠的選擇。
設施	通常都有廚房、客廳等設施，設有免費 WIFI，洗手間及淋浴間則多為公用。不一定設有停車場，自駕者請自行查看該民宿及旅館有沒有可停車的地方。
餐飲	部分提供早餐。
優點	價錢合理，而且可以更貼近當地人的生活。
缺點	多數沒有床位，對於睡不慣榻榻米的人來說會不太舒適。
適合的遊客	預算不多，喜歡融入當地人生活的遊客。

商務飯店

價位	有時會比民宿更便宜，每人約 4000 ～ 6000 日圓一晚，雙人單床房多數比雙床房便宜。也有一些飯店會分為經濟雙人房及雙人房，前者比後者便宜。
特色	如同一般飯店，舒適度比前述的四種住宿都要高。
設施	房間的設施較民宿及 HOSTEL 齊全，有免費 WIFI，也有私人洗手間及淋浴間。公用空間有商務設施，例如印表機、電腦等。
餐飲	多數都提供早餐。
優點	價錢合理，舒適度高，設施也齊全，而且多位於車站附近，交通方便。
缺點	與其他遊客的交談機會較少，融入當地人生活的機會也較少。
適合的遊客	講求舒適、地點方便，預算有限的遊客。

溫泉飯店

價位	可說是最貴的一種選擇，每人 20000 ～ 30000 日圓一晚，如果房間設有私人風呂則費用更貴。
特色	非常具有當地特色，而且附設公用溫泉，部分房間還有私人溫泉，客人可以享受到愜意的環境，以及貼心的服務。
設施	除了一般飯店都有的設施之外，更設有大型溫泉浴場。
餐飲	多數都提供早餐、晚餐（即一泊二食）。
優點	價錢偏高，舒適度很高，設施也很齊全。
缺點	價錢貴，位置多數在溫泉區，交通不方便。
適合的遊客	想泡溫泉，感受日本傳統溫泉文化，預算充足的遊客。

選擇住宿地點時，應該注意什麼？

在 選擇住宿地點時，對於使用公共交通工具及自駕的遊客來說，需要注意的地方各有不同。

使用公共交通工具

首先，建議選擇位在電車站或地鐵站附近的住宿地點，最好在 10 ～ 15 分鐘的徒步路程以內，最理想選擇是位在大站附近，避免在了無人煙的車站附近。在電車站附近住宿有許多好處：

❶ 移動行李較容易且輕鬆。如果飯店距離電車站 500 公尺或以上，移動行李會較為辛苦。如果想知道飯店和車站的距離，可以使用 GOOGLE MAP（如圖示）的功能，在出發地輸入電車站名字，目的地則輸入飯店名字，再選徒步，就能知道距離，需要走多久了。

❷ 找尋餐廳及商店較容易。許多大的電車站本身就是一座購物中心，而且鄰近百貨公司和商店街，用餐或購物都十分便利。

❸ 電車站多數是交通樞紐。在電車站附近可以找到多種交通工具，例如巴士、電車等，前往其他地方十分方便。

❹ 如果同行者有老人或小孩，在電車站附近住宿會輕鬆舒適許多。

接著，最好選擇在便利商店附近住宿，買飲料、早餐（如果飯店沒有提供早餐服務）也很方便。如果想知道飯店附近有沒有便利商店，也可以利用 GOOGLE 搜尋（如圖示）。最後，當然也要留意附近的治安環境，避免住進太靜僻的區域，或是色情場所、夜店聚集的區域。

STEP 1

進入 GOOGLE MAP，輸入投宿的飯店名字（圖中示範為東橫INN），再按下「搜尋」（即放大鏡按鈕）。

STEP 2

找到飯店所在後，按右鍵，選取「到達此處的路線」。

STEP 3

在出發地點輸入車站站名（圖中示範為池袋　）。

STEP 4

已能計算出距離為 600 多公尺，步行約 8 分鐘。

STEP 5

再選擇飯店所在，按右鍵，選擇「搜尋附近地區」。

STEP 6

輸入「便利商店」。

STEP 7

就能找到飯店附近的便利商店了，如果想找尋餐廳，則可以輸入「餐廳」；如果想找尋停車場，則可以輸入「駐車場」，以此類推。

自駕人士

如果有代步工具，則不需要住在電車站附近，就算距離遠一點也沒問題，反而需要格外留意有沒有停車場，最好在找尋飯店時也查看是否附有車位、是否需要向飯店預留車位，否則開車抵達飯店後才發現沒有車位就麻煩了。另外，大部分飯店會在住宿費外額外收取一筆過夜停車費，約 900～2000 日圓不等。

如果真的不能找到附帶車位的飯店，至少也要選擇附近有停車場的飯店（注意：所有寫著「月極」的停車場都是月租車位，其他人不能使用）。另外，在抵達的第一天和還車那一天，建議選擇距離租車公司較近的住宿，否則拖著行李走一大段路前往租車公司，會相當辛苦！

如果住宿地點附近有餐廳和便利店，就是更理想的選擇，此外，也要特別注意住宿環境附近的治安。

如何挑選便宜又舒適的飯店？

便宜與舒適，似乎不能兼得，但在日本，魚與熊掌都可兼得並不困難！可以低廉合理的價格（約 6000～8500 日圓一間雙人房），入住舒適乾淨、交通方便、設施齊全的飯店，而且多數都提供早餐服務呢！

日本有很多連鎖式商務飯店，為客人提供價廉物美的住宿服務，例如 SUPER HOTEL、COMFORT HOTEL、DORMY INN 等，工作人員大多具有英文能力，而且很多飯店都設有停車場，非常適合自駕人士。各間飯店有不同特色，例如 SUPER

HOTEL 提供不同類型的睡枕，以及美味健康的免費早餐服務；DORMY INN 多數都設有溫泉等。一般來說，SUPER HOTEL 價格最便宜，COMFORT HOTEL 價錢中等，DORMY INN 價錢較貴。

更值得推薦的是，某些飯店還提供會員優惠，例如只要到現場登記為會員，即可得到訂房折扣，6 個月前優先訂房，訂十晚送一晚單人房的優惠，而且部分還提供免費晚餐咖哩飯，絕對是 CP 值最高的住宿選擇，千萬別錯過喔！

價格便宜、環境乾淨
舒適的連鎖飯店

SUPER
HOTEL
（可用中文訂房）

COMFORT
HOTEL

DORMY
INN

1 部分 SUPER HOTEL 還設有免費天然溫泉
2 SUPER HOTEL 以豐富、美味又健康的免
費早餐服務吸引客人

可以透過哪些管道預訂住宿？

現 在網路資訊發達，預訂住宿已經不是什麼難事了！除了大家經常使用的 Booking.com、agoda 等國際訂房網站之外，還可以使用 JALAN 和樂天訂房，在日本訂房可說是十分方便呢！

國際訂房網站

在國際訂房網站訂房，一來信譽較好，飯店素質較有保證，二來也沒有語言的障礙，不用擔心因為語言不通而訂錯房間。無論在 Booking.com 還是 agoda，很多住宿選擇都可以免費取消訂單，對於會改變行程的遊客來說非常方便！通常 agoda 會在入住一至兩星期前在你的帳戶內扣費用，而 Booking.com 則不會扣，只要到達住宿地點付款即可，但如果出現 NO SHOW（即在入住日沒有出現），訂房網站就會在你的信用卡自動扣費用以作賠款。除了這兩個常見訂房網站外，也可利用飯店比價網站，例如 trivago、HotelsCombined 等。

常見訂房網站

Booking.com

只要輸入目的地及入住日期，可以找到多間飯店及部分民宿，以個人經驗來說，這個網站的房價多數較便宜，而且列出的都是含稅的價格，清楚明確，值得推薦。

AGODA

使用方法和 Booking.com 差不多，雖然很多比價網站都顯示這個網站房價較便宜，但其實是因為價格未含稅的原因，訂房時記得自行加上稅項，才是最終要支付的房價。

飯店比價網站

trivago

很好用也很受歡迎的比價網站，只要輸入想住宿的地方，就會列出多個訂房網站的價格以供比較選擇。

HotelsCombined

使用方法和 Trivago 差不多，包含多間熱門飯店，也是作為比價之用。

日本訂房網站

日本訂房網站的最大優勢，在於可以訂到許多國際訂房網站沒有的便宜住宿選項，也有許多日式民宿和旅館可以選擇。而困難處則在於語言不通，訂房時要份外小心，但只要掌握了某些訂房用語，使用起來其實並不難！日本訂房網站的選擇往往比國際訂房網站來得多，只要申請成為會員，就可以找到很多物美價廉的住宿選擇。像我每次去日本旅行，都會首選使用日本訂房網站訂房！（詳細內容請參閱 P.46）

（詳細內容請參閱 P.46）

推薦日本訂房網站

JALAN

專門預訂日本飯店的網站，除了有很多國際訂房網站都有的飯店之外，還有許多在國際網站上訂不到的民宿及較便宜的日本住宿。可以在首頁的地圖找出想住宿的地方，輸入住房的人數及日期，並使用價格或人氣排列出飯店選擇。

樂天訂房

使用方法與 JALAN 差不多，同樣能找到很多國際訂房網站找不到的民宿，價格和 JALAN 也差不多。樂天還可以租車，對旅客來說十分方便。

連鎖飯店

在很多大城市都設有分店，位置大多在電車站附近，交通方便，而且設施齊全，衛生舒適，價格便宜，非常物美價廉！更值得推薦的是，某些飯店設有中文網上訂房服務，方便使用，即使不諳日文，訂房也沒有難度！如果住不慣民宿旅館，想選擇較正式的飯店，但又預算有限，連鎖飯店絕對是你的最佳選擇！

最受歡迎的連鎖飯店

SUPER HOTEL
（可用中文訂房）

DORMY INN

COMFORT HOTEL

我不會日語，如何利用日文網站預訂住宿？

雖然 Booking.com 和 agoda 有中文版本，訂房較容易，但如果考慮到選擇性多寡與價格高低，預訂日本的住宿時，還是使用 JALAN 和樂天訂房較佳。有些人會問：不會日語，去日本網站訂房會很困難嗎？其實，只要記住幾個訂房必定會使用到的用語，其他不懂的句子再利用 GOOGLE TRANSLATE 翻譯，如此一來日本訂房絕對不難！以下以 JALAN 為例，教大家如何在不諳日語的情況之下訂房。

STEP 1 登錄為 JALAN 網站會員

進入 JALAN 網站，點選「新規会員登録へ（新會員登錄）」，開始登錄成為會員。

點選

STEP 2 輸入 e-mail

於頁面的空白欄位中以半形輸入 e-mail，輸入完畢後，再點選下方按鍵，系統就會寄出一封確認信到剛剛輸入的電子信箱中。

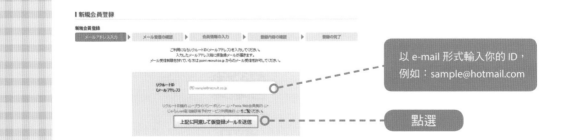

以 e-mail 形式輸入你的 ID，例如：sample@hotmail.com

點選

打開確認 e-mail

收到確認信後,點選信裡的網址連結,進入會員情報頁面輸入資料。

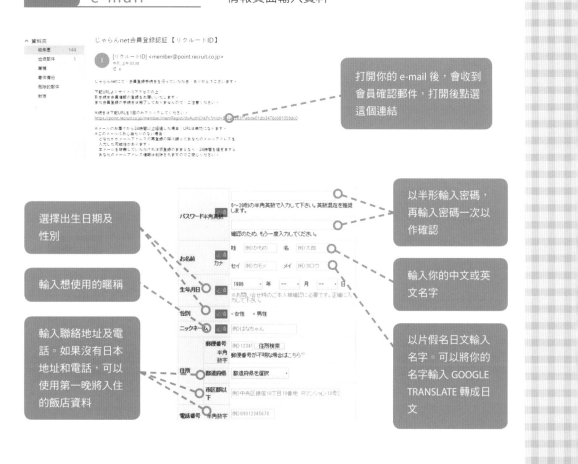

打開你的 e-mail 後,會收到會員確認郵件,打開後點選這個連結

以半形輸入密碼,再輸入密碼一次以作確認

選擇出生日期及性別

輸入你的中文或英文名字

輸入想使用的暱稱

輸入聯絡地址及電話。如果沒有日本地址和電話,可以使用第一晚將入住的飯店資料

以片假名日文輸入名字。可以將你的名字輸入 GOOGLE TRANSLATE 轉成日文

STEP 4 回到首頁,開始訂房

完成會員登記後,就可以按照以下步驟訂房了!首先,回到首頁,在左手邊地圖區塊上點選要住宿的地區,這個例子以預訂札幌的住宿為示範,所以需要點選北海道地區。

可以由此地圖點選想要住宿的地區

STEP 5　選取住宿地區（此例為北海道）

　　進入北海道地圖後，會發現有很多分區，如果想選擇札幌，只需要在地圖上的札幌方格點擊即可。

「泊」即是指預計住宿幾個晚上，請選擇天數。「部屋」即是指房間，需要多少間房間，也請選擇房間間數

選擇入住人數，旁邊的「子供」即是指小孩人數

選擇入住日期

選擇札幌

也可以車站或機場搜尋，找出最接近車站或機場的住宿選擇

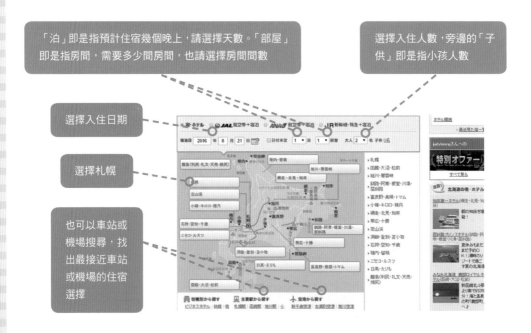

STEP 6　從飯店清單內選擇飯店

　　這裡提供多間在你入住期間內有房間的飯店，可以價格或人氣排列飯店，並能點擊MAP看到飯店的位置。飯店資料會詳細列出是否提供早餐，不含稅及含稅的價格等，通常會顯示一人及兩人的價格，如果是兩人入住，請參閱合計（一房兩人）的檔格。

如何到達飯店，
點選 MAP 可以看
地圖

以受歡迎程度排序

以最便宜的價格排序

如果選定這個方
案，只要按下連
結，就能進入訂
房畫面

提供早餐服務

不提供早餐

一個人的價格

一房兩人的價格，「稅
抜」即是指未包含稅項

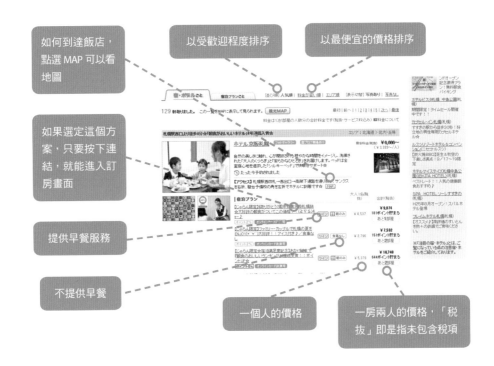

STEP 7 確認所訂方案的資料及預約

選擇適合自己的住宿方案，接著進到方案確認及預約畫面，先確認資料是否正確，看
清楚含稅的金額、入住日期、人數，以及使用信用卡支付費用還是住宿當天才支付、是
否需要支付預約金，以及取消房間的條款等，如果沒問題則按「預約」按鍵繼續。

「現地決済」即是指在
住宿當天才付費，「オ
ンラインカード決済」
則是指在網路上以信用
卡預付。選擇現地決
済，如果想要取消房間
時會較方便

包含稅金的費用，「稅
込」即是指包含稅項

按這裡預約

取消房間的條款，此
例為在預約前 1 日取
消，需要支付 20% 的
房價，當日聯絡取消支
付 80%，無聯絡取消
則付 100%

不需要支付預約金

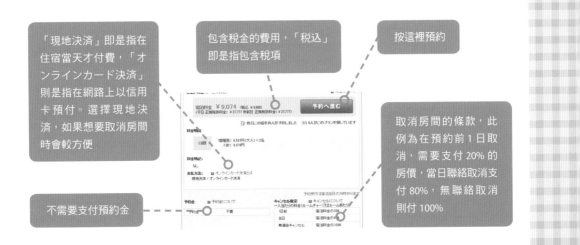

49

STEP 8　填寫入住資料

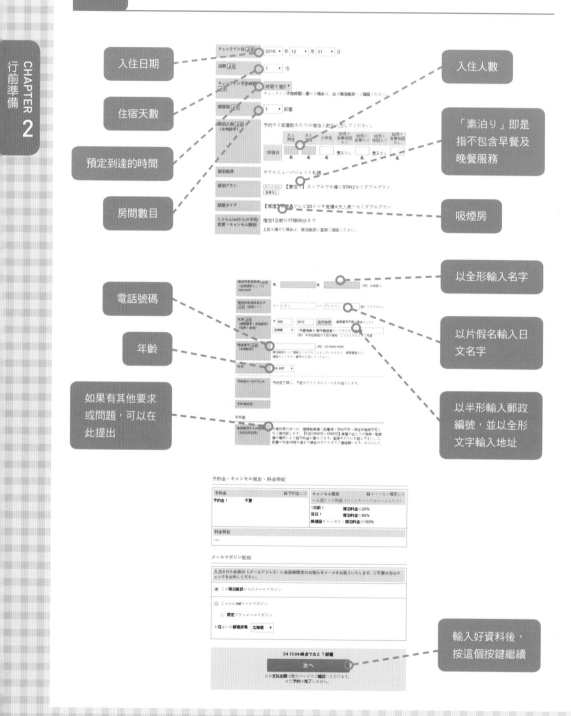

入住日期

住宿天數

預定到達的時間

房間數目

入住人數

「素泊り」即是指不包含早餐及晚餐服務

吸煙房

電話號碼

年齡

如果有其他要求或問題，可以在此提出

以全形輸入名字

以片假名輸入日文名字

以半形輸入郵政編號，並以全形文字輸入地址

輸入好資料後，按這個按鍵繼續

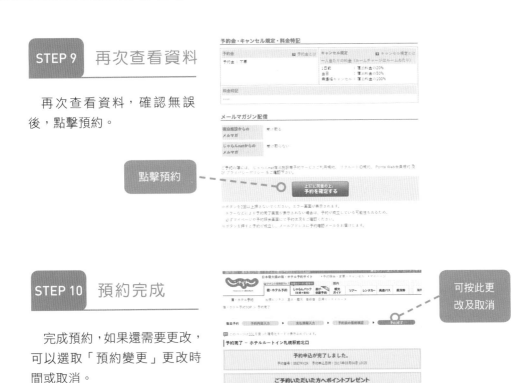

STEP 9 再次查看資料

再次查看資料，確認無誤後，點擊預約。

點擊預約

STEP 10 預約完成

完成預約，如果還需要更改，可以選取「預約變更」更改時間或取消。

可按此更改及取消

預約完成

　在利用網站訂房前，需要先登錄為會員，並輸入信用卡號碼，但除非你選擇的是使用信用卡付款，否則日本的訂房網站不會在你的信用卡扣費用，信用卡只是當作確認之用。需要注意的是，在日本網站訂房，如果在指定時間前提早取消訂單，是不需要賠償費用的，有些飯店的取消訂房規則是兩星期前，也有些飯店是幾天前，詳請可見每間飯店的取消房間條款。當一位負責任的遊客，如果行程有所變動，請務必先和飯店聯絡喔！

住宿房間通常有哪些設備？
入住和付費時應該注意什麼？

一般而言，去日本旅行時都不太需要為生活用品擔心，因為無論是飯店或民宿，都會很貼心地為旅客準備。就算是忘記帶或是飯店沒有提供，由於日本的便利商店多，商品又十分齊全，所以許多遊客在出發前往日本時都可以輕裝上陣！（不過回來時總會多了一箱箱的伴手禮！）

通常飯店及商務飯店的設備會較完善，一些常用的物品，例如牙膏、牙刷、毛巾、沐浴乳、洗髮水、吹風機、熱水壺等都很齊全，大多數飯店都有免費 WIFI 或 LAN 線上網（請在訂房時先行確認），有些飯店會為女性遊客準備一些梳洗套裝用品。如果入住的是商務飯店，更會提供公用電腦及列印設施，可說是非常貼心。

民宿、旅館和 HOSTEL 的設備比飯店相對較少，牙膏、牙刷需要自備，部分會提供沐浴乳和洗髮精，毛巾則多數都有，而且也很乾淨。不一定每間民宿都可以免費上網，在訂房時請先行確認。但民宿、旅館和 HOSTEL 也有比飯店更為加分之處，就是能在廚房料理食物，而且廚具都很齊全。另外還有公共客廳和用餐的地方，可以和許多來自不同地方的遊客交流，氣氛也較在飯店住宿熱鬧。

在入住飯店時，只要把訂單和護照交給櫃檯人員即可，如果飯店有提供免費早餐和溫泉等服務，櫃檯人員將會解釋如何享用，如果有早餐券或溫泉入場券，請注意小心保管。之後櫃檯人員會交給你鑰匙或門卡，在日本許多飯店，如果想離開一會出門走走，也需要將鑰匙或門卡先交回櫃檯，所以請記住入住房間的號碼（或可以使用手機拍下來），在回來時跟櫃檯人員說聲房間號碼，就可以取回了。在 CHECK OUT 時，只要將鑰匙或門卡交還給櫃檯人員即可。

如果入住民宿、旅館或 HOSTEL，同樣將訂單和護照交給櫃檯人員，如果言語不通，可以在紙張寫上文字，例如我在 9/25 ～ 9/26 訂了一間雙人房，可以將資料簡單地寫在紙條上：

○○○（姓名）

2 名／1 部屋（1 間雙人房，2 位客人）

9/25 ～ 9/26（住宿日期）

為了避免誤會，在付費時也可以利用計算機顯示數字以作為輔助。在支付費用後，民宿主人通常會介紹一些共用設施，例如洗手間、廚房、大廳等。在 CHECK OUT 時，如果民宿主人不在，只要將鑰匙留在房間的桌上或籃子裡就可離開了。

我可以在哪裡換錢？
如何查到匯率？

雖然在日本也能換錢，但如果提早準備會較安心，所以建議大家先在本國換好最基本要使用的旅費，如果不夠的時候再於日本補換。在許多銀行都能換錢，因為各間銀行手續費都不一樣，適宜貨比三家。另外，在出發的機場和到達的機場也能換錢，只是機場的匯率通常不比其他地方理想，所以還是建議在本國銀行兌換較佳。在快出發前往日本時，也可以多留意日圓的匯率，可到 YAHOO 外匯換算查詢到當天的日圓匯率，100 日圓大約等於 23 台幣（2023 年 1 月），依匯率變動而異。

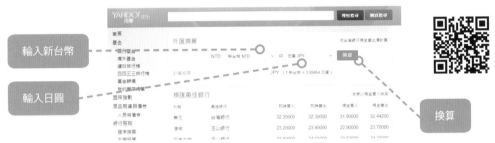

使用方法如下：例如想查詢 100 新台幣可以換多少日圓時，只要選擇 NTD（新台幣），輸入 100，再選擇 JPY（日圓），就能顯示出來

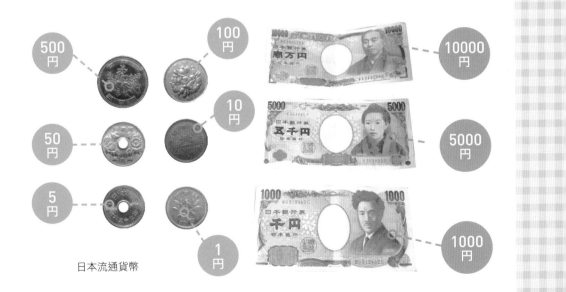

日本流通貨幣

如何購買便宜的 上網 SIM 卡？

購買上網 SIM 卡

雖然日本也能買到上網 SIM 卡，但根據我的經驗，如果預先在出發之前於網路上購買，可以節省費用，尤其是購買一些期限快到的上網卡（不過前提是其使用期必須和你的旅程日期配合），還能節省更多，我就曾經買到約 180 元台幣，可以上網 7 天的上網卡。

我較推薦 NTT DOCOMO 公司推出的上網 SIM 卡，它是日本主要的電信公司，在日本擁有 5 千多萬用戶，47.6% 的市場占有率，是日本最大的移動通訊企業，就像台灣的中華電信一樣，在很多地方都收得到它的訊號，而且網速不錯，也可無限使用。想購買便宜上網卡可到 PC HOME，只要在關鍵字輸入「日本上網卡」，就有很多方案可供選擇。另外，最近還有一種沒有實體卡片的 eSIM 卡，也是很方便的選項。

在 PC HOME 輸入「日本上網卡」，就可找到多種方案，分為不同的天數，多數都是日本全國可以使用的上網卡

除了可以預購 SIM 卡外，還有以下方法可以在日本上網：

在台灣租 WIFI 分享器

台灣有多間 WI-FI 分享器公司，可以讓遊客在台灣租借 WIFI 分享器，回國後再歸還，優點是保證使用得到 WIFI，在到達日本後不用再為此奔波，但缺點是需要好好保管，如果有毀壞需要賠償。

在當地租 WIFI 分享器

在日本很多機場都能找到攜帶式 WIFI 分享器及 USB 網卡租借服務，價格以天數計算，回國前到借用的地方歸還即可。優點是方便好用，缺點是要好好保管，如果有毀壞需要賠償。

使用日本的免費 WIFI

在日本一些公共設施、機場及大部分飯店，會提供免費 WIFI 服務，可以在出發前先搜尋前往的地方和詢問住宿的飯店有沒有免費 WIFI 服務，有些能直接登入，有些則需要密碼，可向店員詢問。優點是完全免費，缺點是有地區限制，不能隨時使用。

我可以在哪裡購買旅遊保險？
買保險時應該注意什麼？

可 以在各大保險公司買到旅遊保險，費用以地區和天數計算，一般分為意外險（發生交通事故的保險）、疾病醫療險（在旅程中生病的保險）及意外醫療險（不幸在意外中受傷的保險），根據各種保險的不同性質，提供的保障也有所不同，有些保險還會包括行李延誤、航班延誤等賠償，購買時請小心閱讀保障範圍，選擇適合自己的地區、天數及保險方案。

部分提供旅遊保險的公司：

我應該準備什麼行李？

許多人都會為了打包行李而感到煩惱，不過在日本當地購物非常容易簡單，每次去都會滿載而歸，而且日本的便利商店多，生活必須品都很容易買到，更不用擔心食物的問題。另外，大部分飯店和民宿都有提供盥洗用品，不用帶沉甸甸的沐浴乳和洗髮精，所以行李可以輕便為主。

如何打包行李最恰當？

在打包行李時，為了讓自己更容易找到需要的物品，建議將物品分門別類，放在不同的收納袋子裡。通常我到日本旅行，都會帶著三大法寶：行李箱、隨身背包、可放在身前的小包包，放置各種不同的東西。

行李箱

衣服、盥洗用品、變壓器等不會頻繁使用的物品或重物。

隨身的背包

相機、旅行資料、藥物，以及當天所需要的衣物等較頻繁使用的物品。雖然日本治安良好，但也建議將包包鎖好。

放在身前的小包包

證件、現金、信用卡、手機等個人證照文件和貴重物品。

日本旅遊必備五大物品

上網 SIM 卡
在日本當地都能買到，不過要注意的是，因為日本法例規定，上網卡只能用來上網，並不能打電話。根據我的經驗，在 PC HOME 上購買會比在日本當地購買便宜許多，所以每次前往日本旅遊前，我都會先買好上網卡，到當地就可以使用了。（詳細內容請參閱 P.54）

好用的手機 APP
網路上有很多實用的日本旅遊 APP 可以下載，例如不同食物的中日文對照菜單，在不同場合能使用的旅遊日語等，在旅途上說不定能派上用場呢！（詳細內容請參閱 P.24）

電器用品
如手機、相機、變壓器（日本的電壓是 100 伏特，而台灣是 110 伏特，所以一定要帶變壓器），另外日本有許多值得拍照的地方，當然也要記得帶足夠的記憶卡喔！

生活用品
衣服、盥洗用品、化妝保養品、藥物等。很多藥都能在日本買到，例如胃藥、止痛藥、感冒藥等，所以只要準備急用的份量及一些平時習慣服用的藥物即可。

必備文件
護照、機票、駕照正本及駕照日文譯本、信用卡、現金等。要注意護照有效期需要 6 個月以上。在日本也能換錢，而且在許多商店和餐廳能使用信用卡，所以現金只要帶適量即可。

春、夏、秋、冬前往日本時，
應該要帶哪些衣服？

日本的四季分明，在不同季節前往日本時，需要準備不同的衣服。

12 月 ———————— 2 月

冬天 需要穿著厚夾克或羽絨外套、厚手套、帽子、圍巾等保暖衣物，也可以準備一些暖暖包，特別是前往東北及北海道等地區，需要準備非常厚的羽絨外套和襪子，還需要防雪的靴子。

6 月 ———————— 8 月

夏天 穿著短袖T恤和輕便的衣服最為適合，但因為室內環境有冷氣，而且北海道等地區晚上也會有點涼，建議也攜帶薄外套。

3 月 ———————— 5 月

春天 3～4月初春的時候，仍然有點寒冷，薄外套和毛衣不可缺少，但到了5月，天氣會漸漸轉熱，短袖衣服便派上用場了。

9 月 ———————— 11 月

秋天 9月仍可以穿著夏天的衣服，進入10月天氣會轉涼，需要加一件外套，到了11月，便準備進入冬天了，厚外套或厚夾克絕對不可缺少。

出發在即，只要跟著以下項目按部就班整理行李，就可以輕鬆出發了！

❶ 列出所需要物品的清單。

❷ 準備好大小適合的行李箱，另加一個隨身的背包，以及用來裝貴重物品的小包包。

❸ 準備多個收納袋，不同類別的東西放在不同的袋子裡。

❹ 每放一件物品進行李箱裡，便在清單上打勾。

❺ 不要帶重量太重又占空間的東西，很多便利商店裡都能買到食物，而飯店或民宿都有提供沐浴乳和洗髮精等盥洗用品。

❻ 多準備些環保袋，可以將伴手禮帶回家！

行李清單

以下列出一些前往日本旅遊時需要帶的物品，出發之前，可以檢視自己是否都有帶齊喔！

衣服類

- [ ] 內衣 × （　）
- [ ] 內褲 × （　）
- [ ] 睡衣 × （　）
- [ ] 襪子 × （　）
- [ ] 冬（厚襪子）× （　）
- [ ] 夏（清爽的襪子）× （　）
- [ ] 鞋子 × 2（一雙備用）
- [ ] （冬，北海道用）雪靴
- [ ] （冬，其他地方用）皮靴
- [ ] （夏，所有地方用）運動鞋
- [ ] 夏：輕便的外衣 × （　）
- [ ] 薄風衣
- [ ] 冬：保暖的外衣 × （　）
- [ ] 毛衣 × （　）
- [ ] 厚羽絨外套（北海道用）
- [ ] 輕薄羽絨外套（其他地方用）

外出梳洗類

- [ ] 盥洗用品：毛巾、牙膏、牙刷（飯店有提供，但民宿沒有）
- [ ] 化妝品
- [ ] 保養品
- [ ] 生理用品
- [ ] 眼鏡、隱形眼鏡
- [ ] 防曬乳液
- [ ] 雨傘

電器類

- [ ] 相機及記憶卡
- [ ] 手機
- [ ] 變壓器
- [ ] 備用電池、充電器

藥物類

- [ ] 腸胃藥
- [ ] 感冒藥
- [ ] 止痛藥
- [ ] 暈車藥
- [ ] 個人藥品（過敏藥、降血壓、心臟用藥）

證照文件類

- [ ] 護照
- [ ] 機票或電子機票
- [ ] 訂房預約紀錄、租車紀錄
- [ ] 日幣現金
- [ ] 信用卡
- [ ] 駕照正本、駕照日文譯本（自駕者用）

其他類

- [ ] 保險單據
- [ ] 環保袋（可裝伴手禮）
- [ ] 旅遊資料（旅行書，參考餐廳位置、地圖等）
- [ ] 洗衣袋（可裝穿過的衣服）
- [ ] 休足時間（腳疲累時可使用）

Chapter 3
機場

~~~~~~~~~~~~~~~~~~~~~

前往日本可以搭乘什麼航班？

有哪些交通工具可以前往機場？

機場出境有什麼程序？

抵達日本機場後，入境有什麼程序？

日本的主要機場有哪些？機場的樓層分布？

如何從各大機場前往市區？

前往日本可以搭乘什麼航班？

關東地區

成田國際機場

台灣虎航（桃園出發）
星宇航空（桃園出發）
樂桃航空（桃園出發）
長榮航空（桃園出發）
中華航空（桃園出發）
ANA（桃園出發）
日本航空（桃園出發）

羽田機場

台灣虎航（桃園出發）
長榮航空（松山出發）
中華航空（松山出發）
ANA（松山出發）
日本航空（松山出發）

關西地區

關西國際機場

台灣虎航（桃園出發）
星宇航空（桃園出發）
樂桃航空（桃園出發）
長榮航空（桃園出發）
中華航空（桃園出發）
ANA（桃園出發）
日本航空（桃園出發）

北海道地區

函館機場

台灣虎航（桃園出發）

北海道地區

新千歲機場

台灣虎航（桃園出發）
星宇航空（桃園出發）
長榮航空（桃園出發）
中華航空（桃園出發）
ANA（桃園出發）

九州地區

福岡機場

台灣虎航（桃園出發）
星宇航空（桃園出發）
長榮航空（桃園出發）
中華航空（桃園出發）
ANA（桃園出發）
日本航空（桃園出發）

中部地區

名古屋機場

台灣虎航（桃園出發）
中華航空（桃園出發）

東北地區

仙台機場

長榮航空（桃園出發）

沖繩地區

那霸機場

台灣虎航（桃園出發）
星宇航空（桃園出發）
樂桃航空（桃園出發）
長榮航空（桃園出發）
中華航空（桃園出發）
ANA（桃園出發）

因為航班每天都不同，請到各間航空公司的官網查詢：

 ANA
全日空航空

 Eva Air
長榮航空

 STARLUX Airlines
星宇航空

 China Airlines
中華航空

 Japan Airlines
日本航空

 Peach Aviation
樂桃航空

 Tigerair Taiwan
台灣虎航

有哪些交通工具可以前往機場？

 出國玩第一件事就是到機場報到！去機場前，一定要先確認各種交通方式，而出門前也一定要先掌握好路況，才不會壞了出國的興致喔！

如何前往桃園國際機場

🚇 捷運

搭乘捷運機場線，至 A12 機場一航廈站、A13 機場二航廈站、A14a 機場旅館站三站下車。直達首班車為 6：00 發車，直達末班車為 22：00 發車，班距為 15 分鐘。由台北到桃園機場花費時間大約 35〜39 分鐘，搭車支援多種付費方式，悠遊卡、一卡通或桃園市民卡等都可以使用，乘車費用以距離計算。

高鐵

搭乘高鐵，至桃園站下車，再轉接駁車就能夠抵達桃園國際機場。抵達高鐵桃園站後，搭乘往機場的接駁車約 20 分鐘，尖峰時段班距為 10〜15 分鐘，離峰時段約 15〜20 分鐘。高鐵台北站前往高鐵桃園站票價為 160 元（搭乘接駁車要再加 30 元），時間為 21 分鐘（搭乘接駁車要再加 20 分鐘）。

🚕 計程車

搭乘計程車是前往機場最快的方式，而且有許多方便之處，例如免找停車位，所需時間只要約 40 分鐘。不過，計程車和其他交通方式比起來貴了許多，車資約 1000 元（以台北市區計價），很適合家庭出遊或是三五好友一起搭乘，可以省車資，又能夠一同前往機場。在搭乘前，先預約往機場的計程車，除了可以控制時間之外，也能先確認好車資。

客運巴士

巴士	發車地點	車班	需要時間	票價
1819	台北車站	15 ～ 20 分鐘	55 分鐘	140
1840	松山機場	20 ～ 25 分鐘	50 分鐘	140
1841 及 1841A	松山機場	20 ～ 25 分鐘	75 分鐘	93
1842	松山機場	20 ～ 30 分鐘	90 分鐘	93
1843	南港展覽館	45 ～ 65 分鐘	80 分鐘	145
1960	市府轉運站	30 ～ 40 分鐘	80 ～ 90 分鐘	145
1961	台北車站	30 ～ 40 分鐘	80 ～ 90 分鐘	90
5203	台北市	20 ～ 30 分鐘	60 分鐘	90
1860	台中	60 ～ 120 分鐘	2 小時 30 分鐘	300

如何前往台北松山機場

捷運

搭乘捷運文湖線，至松山機場站下車。首班車為 6：02 發車，末班車為 00：27 發車。

計程車

也可搭乘計程車前往松山機場，所需時間依尖離峰時段長短不同。

客運巴士

巴士	發車地點	車班
國光號	桃園機場	20 ～ 30 分鐘
中興號	桃園機場	20 ～ 30 分鐘
中興號	基隆及三重	20 ～ 30 分鐘
汎航客運	基隆	10 ～ 20 分鐘

市區公車

巴士	發車地點
2002 及 1802	基隆
9025	中壢
5350	六福村
1840、1841、1842	桃園機場

如何前往高雄國際機場

捷運

搭乘高雄捷運紅線，至高雄國際機場站下車。首班車為 05：56 發車，末班車為 00：02 發車。尖峰時段班距為 4 ～ 6 分鐘、離峰時段班距不會大於 8 分鐘。

高鐵

搭乘高鐵，至新左營站後下車，再轉乘捷運至高雄國際機場站即可，車資以距離計算。

客運巴士

如國光、統聯客運都有巴士可達高雄火車站，再轉乘捷運即可抵達高雄國際機場站，車資以距離計算。

機場出境有什麼程序？

機場出境 STEP BY STEP

STEP 1
出發前往機場，約 2 至 2.5 小時以前抵達

STEP 2
到航空公司櫃位辦理報到

STEP 3
託運行李，如超過所限重量需要支付額外收費

STEP 4
待行李經過輸送帶檢查無誤後才離開航空公司櫃台

STEP 5
通過安檢及海關檢查

STEP 6
閘口候機

STEP 7
登上飛機

CHECK IN 有什麼手續？

到所要搭乘的航空公司櫃檯辦理報到手續，只要向櫃檯出示護照及電子機票，就可以 CHECK IN 了，此時也會同時辦理劃位及託運行李。劃位時可以向櫃檯說明想坐的座位是窗邊位（WINDOW SEAT）還是通道位（AISLE SEAT）。完成報到手續後，領取各項證件、登機證及行李託運卡。

另外，部分航空公司有提供自助報到櫃台，包括中華航空及長榮航空等，步驟如下：

❶ 掃描護照資料或輸入機票編號，讓機器取得航班資料。
❷ 選擇好座位，並將登機證列印出來。
❸ 到指定行李託運櫃台辦理好寄存手續。
❹ 辦理出境手續。

託運行李時應該注意什麼？

CHECK IN 時也會完成託運行李手續，託運行李時需要託運的物品及建議隨身攜帶的物品：
❶ 需要託運的物品 利器（例如剪刀、刀片）、超過 100ml 的液體或膏狀物體。
❷ 建議手提行李隨身攜帶的物品 手機、相機、筆記型電腦、鋰電池和行動電源等。
＊註：如行李總重量超出航空公司要求，需要補付行李費。

如何閱讀登機證上的資料？

登機證上會列出各種登機資料，例如航班編號、目的地、登機時間、座位、登機門。因為有時機場會轉換登機閘口，記得隨時留意機場的廣播喔！

如何通過安檢及海關？

完成航空公司報到及託運行李的程序後，便需要通過安全檢查，出示登機證、護照。安檢時需要注意以下事項：

❶ 準備好透明塑膠袋，將金屬物品放進去，與隨身的行李一起過 X 光機裡。每名旅客只能攜帶一個透明塑膠袋。

❷ 隨身攜帶的液體、膠狀及噴霧類物品，不得超過 100 毫升。

❸ 嬰兒食品及液體狀藥品，需事先向航空公司申報，安檢人員同意即可。

❹ 防狼噴霧不可帶上機，需要託運。

❺ 刀類（包括刀型吊飾及剪刀）、尖銳物品類、棍類（包括自拍棒）不能攜帶上機。

什麼時候登機？

登機證上有列明登機口、登機時間及座位，記得提前到達登機口，避免因為只顧逛免稅商店而忘記時間，因為飛機是不會等人的喔！另外，因為機上的行李架是先到先使用的，所以建議看到閘口的職員開始準備時，便立即前往排隊。

抵達日本機場後，入境有什麼程序？

機場出境 STEP BY STEP

STEP 1 人員檢疫	➡	STEP 2 通過海關檢查	➡	STEP 3 取回行李	➡	STEP 4 離開機場

入境日本時需要接受什麼檢查？

首先出示護照及入境卡，在海關人員指示時，將食指放在指紋機上按壓指紋，並把帽子及眼鏡脫下，進行臉部照相，以記錄每位入境旅客的指紋及樣貌。海關人員會在護照上貼上貼紙（以證明入境旅客是觀光目的）。如果要購買 JR PASS，請注意確認護照上是否有這個貼紙。

如何取回行李？

機場的指示看板上會顯示哪間航空公司、班次、來自哪裡的航班，需要到幾號行李轉盤帶取行李，只要到指定號碼的轉盤帶處取行李就可以了。

入境日本時需要填寫什麼文件？

需要填妥入境記錄卡及海關申報表，填寫方式如下：

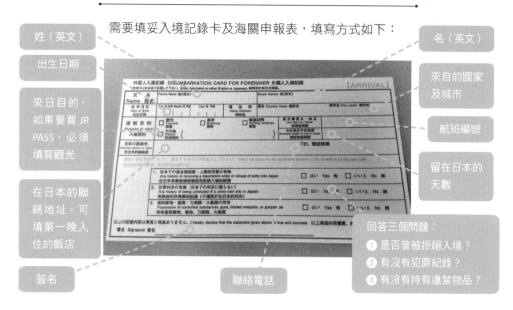

姓（英文）

出生日期

來日目的，如果要買 JR PASS，必須填寫觀光

在日本的聯絡地址。可填第一晚入住的飯店

簽名

名（英文）

來自的國家及城市

航班編號

留在日本的天數

聯絡電話

回答三個問題：
1. 是否曾被拒絕入境？
2. 有沒有犯罪紀錄？
3. 有沒有持有違禁物品？

日本的主要機場有哪些？ 機場的樓層分布？

日本各座機場都設有不同的航廈，有些是國內線，有些則是國際線，請在去機場前先確認清楚班機出發的航廈。

羽田國際機場

以國內線為主，也有一些國際航班，距離東京市區較近，前往品川只需要約 15 分鐘。同樣十分繁忙，分為國內線（第一航廈）及國際線（第二航廈）。

第一航廈（國內線）

樓層	主要設施
6F	餐廳、瞭望台
5F	餐廳
4F	商店及餐廳
3F	商店及餐廳
2F	出境大廳
1F	入境大廳
B1	京濱急行、東京單軌電車

第二航廈（國際線）

樓層	主要設施
6F	餐廳、瞭望台
5F	餐廳、瞭望台
4F	商店及餐廳
3F	商店及餐廳
2F	出境大廳
1F	入境大廳
B1	京濱急行、東京單軌電車

成田國際機場

多數以國際航班為主，規模較大，是日本最繁忙的機場之一，距離東京市中心較遠，共有兩座航廈。

第一航廈

樓層	主要設施
5F	餐廳、商店、瞭望台
4F	國際航班出境大廳（登機手續櫃檯）、餐廳、商店
3F	國際航班出境大廳（登機口）、免稅店及購物區域
2F	停車場連接通道
1F	國際航班入境大廳，租車公司
B1	鐵路成田機場站

第二航廈

樓層	主要設施
4F	餐廳、商店及參觀平台
3F	國際航班出境大廳（登機手續櫃檯及登機口）、免稅店及購物區域
2F	停車場連接通道
1F	國際航班入境大廳、國內航班、租車公司
B1	鐵路機場第二大樓站

關西國際機場

大阪的國際空港，距離市區需要1小時車程（電車），以國際航班為主，也是非常繁忙的機場，分為第一航廈及第二航廈（樂桃航空專用）。

第一航廈

樓層	主要設施
4F	國際線出發
3F	餐廳及購物區
2F	國內線出境／入境大廳
1F	國際線入境大廳、機場接送巴士站、租車公司在 AEROPLAZA 可坐接駁車前往第二航廈

第二航廈（樂桃航空及春秋航空專用）

樓層	主要設施
4F	國際線出境／入境大廳、國內線出境／入境大廳

函館機場

函館機場是北海道南部的重要機場，以國內線為主，也有少數國際線，距離市區（JR 函館站）約 20 分鐘車程。

樓層	主要設施
2F	出境大廳
1F	入境大廳

那霸機場

那霸機場是沖繩最重要的機場，分為國際線、國內線，距離市區（旭橋及美榮橋）約 15 分鐘車程

樓層	主要設施
4F	展望台
3F	餐廳
2F	出發大廳
1F	到達大廳

新千歲機場

位於千歲，距離札幌約 40 分鐘，是北海道最重要的機場，有國內線及國際線，分為國內線航廈及國際線航廈。

國內線航廈	
樓層	主要設施
4F	溫泉、電影院、綠色公園
3F	餐廳
2F	出境大廳及購物區
1F	入境大廳
B1	JR 鐵路乘車處

國際線航廈	
樓層	主要設施
4F	餐廳
3F	出境大廳
2F	入境大廳
1F	租車公司、候車大廳

福岡機場

九州最重要的機場，距離市區很近，只需要約 15 分鐘車程（地鐵）便能到達，分為國內線航廈及國際線航廈。

國內線航廈	
樓層	主要設施
3F	餐廳
2F	出境大廳
1F	租車公司
B1	地鐵及停車場

國際線航廈	
樓層	主要設施
4F	廣場及觀景台
3F	出境大廳
2F	入境檢查
1F	入境大廳

北九州機場

北九州機場位於北九州市小倉南區，以國內線為主。

樓層	主要設施
3F	觀景台入口
2F	起飛大廳
1F	到達大廳

廣島機場

山陰山陽地區最重要的機場，距離市區約 1 小時車程（巴士），國際線及國內線在同一航廈內，距離市區約 1 小時車程。

樓層	主要設施
3F	餐廳
2F	出境大廳
1F	租車公司

仙台機場

　仙台機場是日本東北最重要的機場，有國內線及國際線，距離市區約 25 分鐘車程。

樓層	主要設施
RF	展望台
3F	機場博物館
2F	出境大廳
M2F	行李領取處
1F	入境大廳

名古屋中部機場

　名古屋中部機場是日本最繁忙的機場之一，設有一座航廈，距離市區只有 30 分鐘車程。

樓層	主要設施
4F	藍天城（購物及餐飲）
3F	報到大廳
2F	抵達大廳
1F	迎賓廣場

高松機場

　高松機場是四國重要的機場，有國際線及國內線，距離市區（JR 高松站）約 45 分鐘車程。

樓層	主要設施
3F	送迎大廳
2F	出境大廳
1F	入境大廳

小松機場

　小松機場是北陸的主要機場之一，可以前往金澤、福井、加賀溫泉、能登半島等地方，以國內航班為主，也有飛往台北的航班。

樓層	主要設施
3F	展望台
2F	出境大廳
1F	入境大廳

如何從各大機場前往市區？

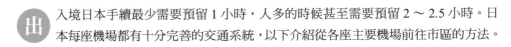

出　入境日本手續最少需要預留 1 小時，人多的時候甚至需要預留 2 ～ 2.5 小時。日本每座機場都有十分完善的交通系統，以下介紹從各座主要機場前往市區的方法。

成田國際機場到市區

交通工具	特色	車程	票價	適合什麼遊客	官網
N'EX (JR)	最快捷舒適又便利，直達東京、新宿、池袋、橫濱等。	到東京站約53分鐘	4070 日圓（來回優惠價）	想舒適快捷到達新宿及池袋等地的遊客。	
京成電鐵	可直接前往上野，再從上野前往東京其他地區。	到上野站約43分鐘	2300 日圓（折扣後價格）	想前往上野、淺草一帶的遊客。	
利木津巴士	直達地點很多，包括新宿、銀座、池袋、惠比壽、吉祥寺及多間主要飯店，但因東京有時會塞車，車程時間較難掌握。	到新宿站約85～125分鐘，到東京站約75～125分鐘	3200 日圓（前往東京 23 區內單程）、2800 日圓（前往 T-CAT 單程）	時間較充裕，住宿較大規模飯店，想乘車直達飯店的遊客。	

羽田國際機場到市區

交通工具	特色	車程	票價	適合什麼遊客	官網
京急電鐵	可前往品川，再轉乘山手線往池袋、新宿等站點。	約 24 ～ 39 分鐘	290 日圓（前往品川站）	需前往池袋、新宿等地，不介意轉車的遊客。	
利木津巴士	直達地點很多，包括新宿、銀座、池袋、惠比壽、吉祥寺及多間主要飯店，但因東京有時會塞車，車程時間較難掌握。	到新宿站約35～75分鐘，到東京站約25～45分鐘	900 日圓（T-CAT ～羽田機場利木津巴士票價） T-CAT 周邊酒店及景點可到以下網站查詢：	時間較充裕，住宿規模較大飯店，想乘車直達飯店的遊客。	

關西國際機場到市區

交通工具	特色	車程	票價	適合什麼遊客	官網
關空快速 (JR)	可直接來往大阪站（梅田）及關西機場，繁忙時間較擁擠，未必有座位，但優點是不怕塞車。	約 1 小時 10 分鐘	1080 日圓（天王寺），1210 日圓（大阪）	適合在梅田、天王寺等地住宿的遊客。	
HARUKA 列車 (JR)	可直接來往京都站及關西機場。繁忙時間較擁擠，未必有座位，但優點是不怕塞車。	約 1 小時	來回價錢，持有 ICOCA 卡優惠價格：京都 3600 日圓、新大阪 3200 日圓、天王寺 2400 日圓	適合想以最快捷方式前往京都的遊客。	

交通工具	特色	車程	票價	適合什麼遊客	官網
南海電鐵	可直接來往難波（道頓堀及心齋橋）及關西機場。	約 45 分鐘（急行）	1100 日圓（單程，優惠乘車券價錢）	適合在難波及心齋橋一帶住宿的遊客。	
巴士	可直接到達心齋橋、梅田、環球影城、神戶、京都、奈良，不像 JR 擁擠。	各地點有所不同	各地點有所不同	適合不喜歡擁擠環境，時間較充裕，住宿梅田、心齋橋或想前往京都、神戶、奈良的遊客。	

新千歲機場到市區

交通工具	特色	車程	票價	適合什麼遊客	官網
JR	可直接來往札幌（可在札幌轉車前往旭川）及新千歲機場，也可往南千歲，轉車往函館、帶廣、釧路等地。在繁忙時間會較擁擠。	約 40 分鐘	1150 日圓	適合在札幌站附近住宿及前往北海道其他主要站點的遊客。	
巴士	可以前往札幌市中心，也有接駁巴士前往旭川、定山溪、十勝、帶廣等地方。	約 1 小時 20 分鐘	1100 日圓	適合在札幌站及札幌市內其他地區住宿的遊客。	

函館機場到市區

交通工具	特色	車程	票價	適合什麼遊客	官網
巴士	可前往 JR 函館站及函館朝市。	20 分鐘	450 日圓	在函館市中心住宿及遊玩的遊人	

福岡機場到市區

交通工具	特色	車程	票價	適合什麼遊客	官網
地鐵	最快捷方便的方式，但繁忙時間會較擁擠。	約 15 分鐘	260 日圓	在博多、祇園、天神等地區住宿的遊客。	
巴士	高速巴士可前往太宰府、別府、黑川溫泉、湯布院、長崎、豪斯登堡等地；公共巴士可前往博多站。	各地點有所不同	各地點有所不同	要前往九州其他地區的遊客。	

北九州機場到市區

交通工具	特色	車程	票價	適合什麼遊客	官網
機場巴士	可前往小倉站	約 33 分鐘	710 日圓	在小倉及門司一帶遊玩的遊人	

那霸機場到市區

交通工具	特色	車程	票價	適合什麼遊客	官網
單軌電車	可前往旭橋（那霸巴士總站）、美榮橋（國際通）及首里（首里城）。	約 15 ～ 27 分鐘	270 ～ 340 日圓	前往那霸市區的遊客	
巴士	可前往名護、宜野灣等地區。	不同地點各異	不同地點各異	前往沖繩其他地區的遊人	

廣島機場到市區

交通工具	特色	車程	票價	適合什麼遊客	官網
利木津巴士	來往廣島機場及廣島市中心，也有前往較遠的地方，例如尾道、三原、吳的巴士。	約 1 小時（前往廣島市中心）	1370 日圓	在廣島站附近住宿的遊客。	

名古屋機場到市區

交通工具	特色	車程	票價	適合什麼遊客	官網
u-sky 特急列車	可直接前往名古屋站。	約 30 分鐘	1250 日圓	前往名古屋站，或想從名古屋站轉往金山、神宮前等的遊客。	
巴士	可前往名古屋市中心、常滑、愛知、靜岡、三重等地。	各地點有所不同	各地點有所不同	前往名古屋市中心及愛知、三重、靜岡等地區的遊客。	

小松機場到市區

交通工具	特色	車程	票價	適合什麼遊客	官網
巴士	可前往小松站	60 分鐘	290 日圓	前往小松站或在小松站轉乘 JR 往其他地區的遊客	
巴士	可前往金澤站	60 分鐘	1130 日圓	前往金澤的遊客	

高松機場到市區

交通工具	特色	車程	票價	適合什麼遊客	官網
巴士	可前往 JR 高松站	40 分鐘	1000 日圓	以高松為住宿點的遊人	

仙台機場到市區

交通工具	特色	車程	票價	適合什麼遊客	官網
電車	可前往仙台站	約 17（快速）至 25 分鐘（普通）	661 日圓	前往仙台市中心的遊客	
巴士	可前往福島會津若松	約 3 小時 30 分鐘	2900 日圓	前往福島的遊客	

按照指示牌的指示，可以從機場到達火車站及碼頭等，再乘坐各種交通工具到市區

Chapter 4
交 通

〰〰〰〰〰〰〰〰〰

電 車
巴 士
其他交通工具
自 駕
交通票券
各種交通工具連接方式

什麼是日本國鐵？
有哪些旅客常用的國鐵路線？

日本的鐵道事業發達，除了有多間私人的鐵道公司外（簡稱私鐵），每個地區都有國營的鐵道（國鐵），而國鐵的英文是 JR（Japan Rail），這也是大家遊日時經常會看到的名稱，所以一定要好好記住喔！雖然許多私鐵車資較便宜，但使用的頻率並不如國鐵，要數日本站點和路線最多、覆蓋面最廣、最多人使用，也是旅客和當地居民最常搭乘的電車，絕對非 JR 莫屬。JR 以東日本、西日本、北海道、九州、四國和東海分為六個地區。到不同地區旅行，需要乘坐該區的 JR，也需要到該區的 JR 網站查詢資料或訂票。

JR 西日本

範圍：關西地區、北陸地區及中國地區，即京都、大阪、神戶、和歌山、奈良、廣島、岡山、鳥取等

JR 四國

範圍：四國四縣，即德島、香川、愛媛、愛知

JR 九州

範圍：九州七縣，福岡、長崎、佐賀、熊本、宮崎、鹿兒島及大分

大阪　名古屋
高松
博多

在日本搭乘 JR 電車，應該到哪裡查詢時刻表和票價？應該購買哪個地區的 PASS ？回答這兩個問題，必須先弄清楚日本的國鐵分為哪些區域？而你所要前往的地方又是屬於哪個區域？

日本的國鐵主要分為六個地區：東日本、西日本、北海道、九州、東海及四國。想要查詢不同地區的電車班次時，需要到不同的官網查詢。如果想搭乘的電車是跨地區，例如從博多前往大阪，那麼可以在 JR 九州或 JR 西日本查到電車班次。

札幌

東京

JR 北海道

範圍：北海道所有地區，道央、道北、道南、道東

JR 東日本

範圍：關東、東北及甲信越地區，即東京、埼玉等，東北六縣，以及山梨、長野、新潟一帶

JR 東海

範圍：愛知、岐阜、三重、靜岡一帶

遊客最常使用的日本各區 JR 線和主要站點

連接各大地區的新幹線

山陽新幹線
主要站點：博多、廣島、岡山、姬路、新神戶、新大阪

東海道新幹線
主要站點：東京、小田原（可前往箱根）、熱海、靜岡、名古屋、京都、新大阪

九州新幹線
主要站點：博多、久留米、熊本、鹿兒島中央

北海道新幹線
主要站點：新青森、新函館北斗

東北新幹線
主要站點：東京、福島、仙台、盛岡、新青森

山形新幹線
主要站點：福島、米澤、山形

北陸新幹線
主要站點：長野、富山、新高岡、金澤

上越新幹線
主要站點：越後湯澤、新潟

西九州新幹線
主要站點：武雄溫泉、嬉野溫泉、長崎

關東地區

山手線
東京市中心的環狀線，也是對旅遊東京的遊客來說最好用的車線，因為其路線是環狀，所以無論是內環（逆時針方向）還是外環（順時針方向），停靠的站點都一樣。基本上，使用山手線就能到達東京最熱門的旅遊地區。

主要站點：品川、惠比壽、涉谷、原宿、代代木、新宿、池袋、上野、秋葉原、東京、新橋

中央線快速
主要站點：東京、新宿、中野、吉祥寺、三鷹（可從吉祥寺及三鷹站搭乘巴士或徒步前往三鷹之森吉卜力美術館）、八王子

京濱東北線
主要站點：日暮里、上野、秋葉原、東京、有樂町、新橋、品川、橫濱

總武本線
主要站點：東京、幕張

關西地區

HARUKA

從關西國際機場前往天王寺、新大阪、京都。因為站點較少，乘車時間也較短，是從關西國際機場前往京都最便捷的交通方法。

關空快速

從關西國際機場前往大阪站（梅田），可以從大阪站轉乘地鐵前往難波、心齋橋等。

大阪環狀線

和山手線一樣是環狀線，分為內環和外環，涵蓋了大阪數個旅遊熱點。

主要站點：大阪（可轉地鐵前往心齋橋、難波一帶）、西九条（可在此轉車，搭乘櫻島線（ゆめ咲線 / 夢咲線）さくらじません 往環球影城、天王寺、大阪城公園

神戶線

主要站點：大阪、三宮、元町、神戶、兵庫、新長田、姬路

奈良線

主要站點：京都、稻荷（可往伏見稻荷大社）、宇治、奈良

京都線

主要站點：京都、新大阪、大阪

嵯峨野線

主要站點：京都、二条、嵯峨嵐山

九州地區

鹿兒島本線

主要站點：門司港、小倉、博多、熊本、鹿兒島中央

由布院之森

主要站點：博多、鳥栖、久留米、由布院、大分、別府

長崎本線

主要站點：鳥栖、佐賀、長崎

豐肥本線

主要站點：熊本、阿蘇、大分

日豐本線

主要站點：小倉、別府、大分、宮崎、鹿兒島中央

北海道地區

函館本線
主要站點：函館、新函館北斗、大沼公園、長萬部

千歲線
主要站點：苫小牧、新千歲機場、南千歲（可轉車前往函館）、新札幌、札幌

富良野線
主要站點：旭川、美瑛、美馬牛、上富良野、中富良野、富良野

釧網本線
主要站點：網走、知床斜里、摩周、釧路濕原、釧路

石北本線
主要站點：旭川、新旭川、女滿別、呼人、網走

山陰山陽地區

山陽本線
主要站點：岡山、倉敷、新倉敷、福山、尾道

山陰本線
主要站點：鳥取、米子、松江、出雲市（可搭乘一畑電車前往出雲大社）

東北地區

仙石本線
主要站點：仙台、松島海岸、石卷

奧羽本線
主要站點：青森、秋田

中部地區

東海道本線
主要站點：名古屋、崎阜

高山本線
主要站點：飛驒金山、下呂、高山、飛驒古川、富山

北陸本線
主要站點：蘆原溫泉、加賀溫泉、金澤

四國地區

高德線
主要站點：高松、池谷（可轉鳴門線前往鳴門）、德島

土讚線
主要站點：小步危、大步危、高知

國鐵和私鐵有什麼差別？
各有哪些優點和缺點？

 鐵 JR（Japan Rail）是國家鐵路，而私鐵則是私人公司經營的鐵路。國鐵和私鐵各有特色，通常遊客都會按照自身行程需要，安排不同的鐵路交通規劃。

JR 鐵路

JR 的鐵路系統非常巨大，除了行走相距較遠的城市，快速的新幹線之外，還有來往各城市的特急快車、快速車，也有連接較小城鎮的普通車，而在一些繁忙的大都市裡都有環狀線，例如大阪的大阪環狀線、東京的山手線等，可說是遊客最常使用到的交通工具。

搭乘 JR 的優點

便利簡單

路線四通八達，可以安排轉車以配合行程，而且轉車時只需走到另一月台，並不需出閘。

節省費用

JR 推出了外國遊客才能購買的 JR PASS（Japan Rail Pass，日本鐵路通票），一張 JR PASS 在手，可以在地區和時間限制之下搭乘電車，也為要搭乘多趟、長途電車的遊客節省了不少費用。

私營鐵路

在日本，私鐵非常多，例如來往東京和箱根的小田急、在關西行走的南海電鐵、京阪、阪神、近鐵、京福電鐵（又稱嵐電）等。JR 有許多優勢，但是它的鐵路系統並沒有遍及所有地方，如果旅遊目的地位於 JR 的覆蓋範圍之外，便需要配合私鐵。雖然如此，在全國的覆蓋範圍、路線及站點的數量上，私鐵都不及國鐵，所以，旅客如果要輕鬆遊日，就需要兩者結合搭配使用了！以下是旅遊日本的遊客較常搭乘的私鐵：

小田急

　　如果要從東京前往箱根地區，並沒有 JR 鐵路，而需要到新宿站搭乘小田急電鐵。小田急電鐵分為兩種：快速和浪漫特快。如果購買箱根兩天交通券，可以免費搭乘快速電車，但搭乘浪漫特快電車時需要加錢補回差價。快速電車會抵達小田原站，乘客需要再轉乘登山纜車前往湯本箱根站，而浪漫特快電車則可以直接到達箱根湯本站。在新宿站裡有幾間電車公司和地鐵車站，進入新宿站後，會有很清楚的標示，指引遊客應該往哪裡搭乘小田急電鐵，遊客不用擔心找不到車站。

南海電鐵

　　如果要從關西國際機場前往大阪市中心，除了坐 JR 關空快速電車之外，還有另一選擇——南海電鐵。南海電鐵主要連接關西國際機場及難波（なんば），而 JR 關空快速電車連接關西國際機場及大阪站（即梅田），前者價格較便宜，而且難波是許多遊客的住宿熱門地點，所以南海電鐵也很受到歡迎。至於需要搭乘哪一種鐵路，可視住宿的地點而定，如果住在難波和心齋橋一帶，可以搭乘南海電鐵；如果住在梅田一帶，選擇搭乘 JR 關空快速電車則較為適合。

近 鐵

　　即近畿鐵道，在關西地區一帶行駛，較常使用的路線是從難波或京都前往奈良。因為近鐵奈良站比 JR 奈良站更接近著名景點奈良公園、東大寺和春日大社，因此近鐵是很多遊客前往奈良的交通首選。

阪神電車

　　來往大阪和神戶，雖然從大阪到神戶也可以搭乘 JR，但因為阪神電車車資較便宜，而且可以從梅田或難波出發，前往神戶的熱門站點三宮和元町，所需要的時間也不多，從難波至三宮只需要 40 分鐘，因此很受到歡迎。

京急電鐵

　　連接羽田國際機場至品川，是從羽田國際機場入境的遊客前往東京市中心的最佳選擇。在羽田機場站上車，到品川下車後，轉乘 JR 山手線，就可以到達池袋、新宿等熱門站點。

　　在日本旅行，只要好好運用 JR 和私鐵，幾乎任何地方都能到達！而當地的儲值卡，無論是 JR 還是私鐵都可以使用，例如只要有一張 ICOCA，就可以搭乘 JR、南海電鐵或近鐵。因此，在制定行程時，可以利用 JR 和各種私鐵互相搭配規劃！

1 日本國鐵 JR **2** 在京都嵐山地區行駛的京福電鐵 **3** 遊客時常使用到，來往難波（大阪市中心）和關西國際機場的南海電鐵

 電車分為哪些種類？
各有什麼不同？
我需要搭乘哪一種？

JR 　鐵路共分為普通、快速、新快速和特急四種電車，另外還有來往較遠距離的城市之間的新幹線。只要了解每一種電車的個別特色，再觀察自己需要前往的地方，就可以按照需要，選擇適用的電車類型了！以下為各電車的詳細介紹：

新幹線

有什麼特色？

新幹線是最快的車系，相當於台灣的高鐵，價格當然也最貴，主要用作連接較遠的地方。

遊客較常使用的路線有哪些？

山陽新幹線（新大阪➡博多）、東海道新幹線（東京➡新大阪）

什麼時候需要搭乘？

來往的地方位於日本不同地區內，例如來往關西和關東、九州和山陰山陽、關東和北海道等，即是東京前往大阪，從福岡（即博多）前往廣島，從東京前往函館等。

為什麼要搭乘新幹線？

來往相隔較遠的地方，如果不搭乘新幹線，只搭乘普通電車，可能需要轉車達 10 多次以上。而因為搭乘飛機需要預留時間 CHECK IN，搭乘新幹線比內陸飛機更省時舒適，所以當你要前往的兩個地方之間有新幹線連接時，搭乘新幹線一定是首選！如果想知道如何查詢目的地之間是否有新幹線連接，其詳細內容請參閱 P.86。

新幹線是速度最快、最舒適，可連接最遠地方的交通工具

特 急

有什麼特色？

等於台灣的自強號或莒光號，只停靠大站，所以所需時間比新快速、快速和普通都要少，但票價自然比新快速、快速和普通貴，要加付一筆特急費用，如果想坐指定席（預留座位，對號入坐，肯定有座位，自由席則未必有座位，有可能要站著），則要再加一筆指定席費用。

遊客較常使用的路線有哪些？

新宿➡小田原（前往箱根一帶）、大阪➡和歌山、關西空港➡京都（HARUKA）、札幌➡函館／旭川、廣島➡岡山、博多（即福岡）➡熊本等。

什麼時候需要搭乘？

前往的地方屬於日本同一地區內，但距離又較遠的地方，例如從大阪去和歌山（同屬關西區內），札幌往函館（同屬北海道區內）。

為什麼要搭乘特急？

因為特急停站最少，可以節省時間，而且轉車次數也較少。

■ 來往關西空港和京都的 HARUKA ■ 來往關西空港和難波的南海電鐵特急列車

新快速和快速

有什麼特色？

停站比特急多，但也不會每站都停靠，比特急慢，但比普通車快速許多，而且不用額外付費，是遊客最常搭乘的電車類型。

遊客較常使用的路線有哪些？

大阪➡京都、大阪➡關西空港、小樽➡札幌➡新千歲

什麼時候需要搭乘？

出發地和目的地的距離較短，車程在半小時至一個半小時以內，例如京都就位於大阪的隔壁，千歲、小樽就位於札幌的隔壁等。

為什麼要搭乘快速？

因為不必每站都停靠，比普通車快，較節省時間，而且不會像特急一樣額外收費。

普 通

有什麼特色？

每一個站都停靠，需要的時間最長。普通也包括一些市內的環狀線（即線路成圓形狀，電車會繞圈行駛，分為內行和外行，行駛方向不同，但經過的站一樣，主要連接市區內主要站點）。

遊客較常使用的路線有哪些？

山手線（東京）、大阪環狀線

什麼時候需要搭乘？

如果要前往一些較小的城鎮，那麼就要乘坐普通車（因為快速和新快速並不會停靠）。例如，如果想從京都前往伏見稻荷，就要搭乘奈良線的普通車，因為快速電車不會停靠伏見稻荷站。另外，如果想在東京市內來往，例如從池袋前往新宿，就需要搭乘山手線。同樣道理，如果在大阪市內來往，例如從大阪站前往天王寺，也是搭乘大阪環狀線。

為什麼要搭乘普通？

主要用作來往市內的站點，搭乘環狀線的一個好處是不會坐錯車，因為不論是內行還是外行，電車都會停靠在你要下車的站。而如果你前往的地方是較冷門的小站，也需要搭乘普通電車，因為快速、新快速和特急都不會在小站停靠。

如何利用網站查詢 電車時刻表及票價？

規 劃自助旅行時，最重要的是如何連接各個景點的交通。日本的 JR 鐵路四通八達，基本上很多景點都能到達，因而成為遊客連接景點時的交通首選，但到底要搭乘什麼車？票價多少？在幾點有車？電車班次頻繁嗎？如果在出發前就掌握這些資料，旅行期間將會順暢很多！所以非常建議大家在出發前先到各大 JR 官網查詢班次，如果發現有 JR 無法到達的景點，就需要另外安排其他交通方式，例如搭乘地鐵、電車、巴士等。

雖然六個地區的 JR 鐵路各有不同的網站界面，但基本上時刻表和票價的查詢方式大同小異，各 JR 官方網站連結可參考 P.74。雖然 JR 官網也有中英文版，但如果想查詢票價及路線，資料以日文版最齊全。以下以 JR 西日本為例，介紹如何利用網站查詢時刻表和票價：

STEP 1　進入 JR 西日本官方網站

點擊這裡，就能查詢鐵路資料

STEP 2　點選時刻表查詢

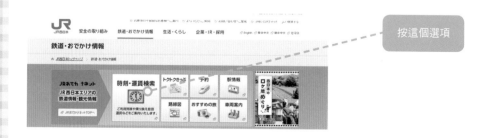

按這個選項

圖中示範查詢由大阪站出發，抵達京都站的電車資訊。

輸入出發的車站及目的地（註）後，點選「檢索」按鍵

* 註：部分站名中文和日文漢字的寫法有異，輸入站名時需要使用日文漢字，否則無法取得查詢結果，例如「伏見稲荷」，不可輸入「伏見稻荷」；「白浜」不可以輸入「白濱」。在 Google 使用中文查詢該站的日文寫法，再複製及貼上輸入欄位即可。

STEP 4　進入增加查詢條件頁面

在以下頁面輸入要求的乘車條件，例如出發時間（搜尋輸入的時間出發的車班）、到站時間（搜尋輸入的時間到達目的地的車班）、車種（選擇是否包含新幹線及特急）、一次會顯示多少車班等。

出發時間

一次顯示多少班車

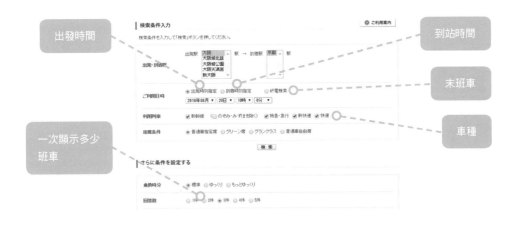

到站時間

末班車

車種

STEP 5　查詢到班次時刻、車程時間、車資

在查詢結果裡，系統會以最接近輸入的時間起，排列出 1～5 班車班，並列出車班的出發時間、到達時間、搭乘的是前往哪個終點站的車、是否需要轉車及車資等資料。

所需車程時間

出發站及
出發時間

目的地及
到站時間

車資

開往長濱的
新快速電車

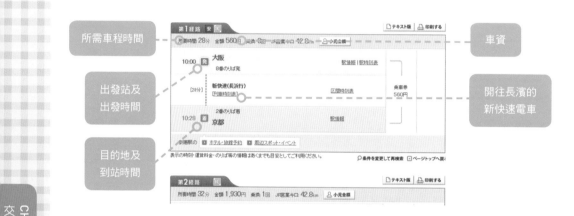

如果想查詢前往的地方是否有新幹線電車，也可以使用此方法。例如，查詢從博多有沒有電車到達新大阪：

STEP 1　輸入出發 / 抵達的車站，開始查詢

圖中示範查詢由博多站出發，抵達新大阪站的電車資訊。

輸入出發車站及
目的地

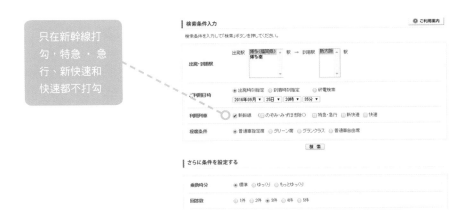

只在新幹線打勾，特急·急行、新快速和快速都不打勾

STEP 3 查詢到班次時刻、車程時間、車資

　如圖中所示，從博多前往新大阪有新幹線可以到達，所需時間約 3 小時，班次很頻繁，約 10 分鐘一班。

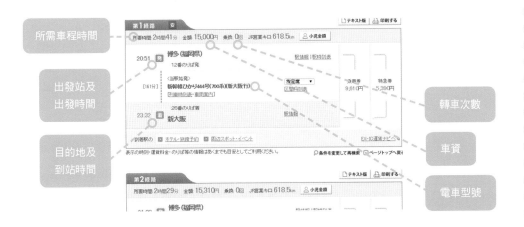

所需車程時間

出發站及出發時間

目的地及到站時間

轉車次數

車資

電車型號

電車的車資如何計算？

本電車是以所搭乘的車型，以及所乘坐的座位類型收費。

以車型區分

普通、快速、新快速：以最基本的價格，按照乘車的距離計算。

特急：同樣以距離計算，但需要另外購買特急券，即多付一筆乘坐特急的費用。

新幹線：同樣以距離計算，但是和普通、快速、新快速及特急收費不同，入站的地方和使用的月台也是分開的。例如在廣島站，分為普通的 JR 電車和新幹線口，搭乘新幹線的乘客需要到新幹線的自動改札口（閘口/驗票口）入閘。

以座位區分

自由席（未必有座位，要看運氣）：不需要額外付錢。

指定席（保證有座位）：需要多支付一筆指定席的費用。

寢台（即臥舖）：分為幾個等級，按不同等級付費。

日本的寢台列車，收費較貴

在購買車票時，不論是使用售票機還是人工購票，如果搭乘的是特急和指定席，都必須特別說明。如果是購買特急券和指定席，買到的票共有三張：普通車票、特急券和指定席券，使用自動改札口入閘時，只要將三張票券疊在一起放進去就可以了，而車長也會在車上查票。請大家記得，當你是購買自由席時，請不要坐錯指定席的座位，因為如果被車長查到，是需要補回指定席票價的喔！

  # 我不會日文，如何才能輕鬆買到車票？

在日本購買車票十分方便，可以使用自動售票機或到票務處（JR 的票務處是綠色的，因此被稱為「綠色窗口」）購票。許多 JR 和地鐵站的售票機都有提供多國語言選擇的服務，所以即使不會日文，也可以簡單操作。但如果想要購買長途車票，例如是新

幹線車票，或來往較遠地方的特急票（例如從札幌前往函館），因為這些票券的交易面額較大，使用機器時，如果操作有錯便會損失不少，所以較建議到票務處購票。

走進票務處，通常會看到兩處排隊位置，中間是普通櫃位，旁邊則是外國人專用櫃位，所謂外國人專用，是指票務人員都具備英文或中文能力，如果希望使用英文或中文溝通時，就可以選用外國遊客專用櫃位購票，但外國遊客問題較多，而且櫃位數目很少，所以要等待的時間通常會較長。如果不堅持使用英文或中文溝通，即使你是外國遊客，也可以使用普通櫃位購票。像我也不會日語，但每次都是使用普通櫃位，而且都能順利買到票，過程中其實有運用一些小技巧喔！

◀1 JR 人工售票處（綠色窗口） ◀2 在一些大站都設有 JR 票務處，如圖中的關西國際機場 JR 票務處，大家可以在此買到 ICOCA+HARUKA 套票，關西 RAIL PASS 鐵路周遊券

利用票務處購買車票

STEP 1　熟記常用單字

日本許多交通用語都是使用漢字，只有用法上和中文些許不同，這也是台灣遊客的最大優勢！購票的第一個步驟，是先熟記以下幾個購票常用字：

片道：單程，即指單程票
往復：往返，即指來回票
指定席：指定座位車廂（保證有座位坐）
自由席：不指定座位車廂（不保證有座位坐）
特急：特急列車，等同於台灣的自強號或莒光號

新幹線：日本最快的電車，等同於台灣的高鐵
寢台列車：提供遊客床位睡覺的電車
料金：票價
1 名樣：1 人

STEP 2　將車票條件寫在紙上

接著，在購票前先做點小功課，將需要的車票條件寫在紙條上。例如，要買 2 張從札幌前往函館的自由席特急列車單程票，可以在紙條上這樣寫：

札幌往函館　片道
特急列車　自由席 2 名（或 ×2）

STEP 3　完成購票

將寫好的紙條遞給票務人員，他們就會幫你辦好票務手續，並使用計算機表示需要支付的票價，之後只要付錢，就能買到車票了。這個方法我試過很多次，每次都能很順利買到車票，大家可以試試喔！

利用自動售票機購買車票

如果是購買短程車票，則可以使用自動售票機，操作相當容易，按照以下程序執行，即使不會日文也能簡單買到票券！

STEP 1　前往自動售票機

這些就是自動售票機

STEP 2　看好需要支付的車資

在售票機上方的看板，可以找到前往不同地方時需要支付的車資，例如：從札幌前往小樽，需要 640 日圓；從札幌前往新札幌，需要 260 日圓。

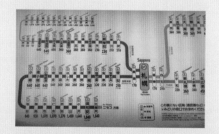

售票機上方設有車資看板

STEP 3

開始購票　點選要買多少錢以及多少張的票券。

按鍵輸入要
買多少張票

插卡入口

車票出口

輕觸螢幕，點選
要購買多少錢的
票券（需要支付
多少車資，可以
參考售票機上方
的車資看板）

硬幣入口

紙鈔入口

找錢口

STEP 4

確認輸入的資料正確

點選完票券金額以及張
數，再按螢幕顯示放入錢幣。

STEP 5

支付車資

放入應付的車資。

STEP6

完成購票

入站時需要注意什麼？

搭乘電車時，購買車票和使用 JR PASS 或交通優惠票券的入站方式有所不同。

使用 JR PASS 或交通票券

2020 年 6 月起，JR PASS 改為磁式車票，可以直接走自動驗票機，只要插入自動驗票閘門，就可進出車站。不過有些地區仍需使用自動改札口旁邊的人工通道，向工作人員出示 JR PASS 或交通票券便能通過。

需要使用此人工入口的旅客，工作人員會檢查票券

在售票機或綠色窗口購買車票

使用自動改札口，將票券放進驗票機裡即可；如果是特急券和指定席券，只需要三張票券疊在一起放進驗票機裡，記得在離開前取回從機器吐出的車票（但有時只需放入乘車券即可，請注意標示）。上了車後，車上的工作人員可能會檢查特急券和指定席券。

使用儲值卡

使用自動改札口，在機器上刷卡通過即可。

1 使用儲值卡或單程票的乘客使用自動驗票機入站 2 有時 JR 會和不同的私鐵站設在一起，請小心不要走錯閘。在關西國際機場可以搭乘 JR 及南海電鐵，圖中為 JR 的入閘處

如何知道我要前往哪個月台？

想 要在車站立即找到月台位置，相信台灣的朋友應該都不會太陌生，不過日本和台灣還是有些許不同，以下為大家詳細介紹！

要在車站找到月台位置，可以查看電車站的電子看板。例如，我想從札幌乘車前往新千歲機場，可以在札幌站的看板找到乘車資訊，如圖中所示，在 10：10 有一班從札幌站開往新千歲機場的電車，這列電車由六個車廂組成，其中 4 號車是指定席，要搭乘這班電車需要前往 5 號月台。

在日本車站，每個月台都有很清楚的指示，只要按照指示的方向前往便能找到月台

月台上的電子看板顯示，即班車是前往惠庭和北広的快速車，在 16：52 抵達，次班車則是前往札幌和小樽的快速車，在 17：07 抵達

10：10 開往新千歲機場的電車

5 號月台

1 在月台上可以找到電車班次表 2 台上會標明每個站的站名，多數站名都是漢字 3 月台上會標示各車廂的等候處，圖中為 2 號車廂的等候處 4 部分車廂為特定車廂，月台上也會標示，如圖中便是優先座席車廂，也有女性專用車廂等 5 車站裡會清楚標示前往各個月台的位置，只要按照指示走就不會走錯 6 日本的月台都會停靠固定的電車路線，如圖中的 4 及 5 號月台，就是大和路線、奈良線和關西線的專用月台。指示牌中的「方面」是指方向，例如「京都方面」即是前往京都方向

我應該乘坐哪個車廂？

日本的電車，除了自由席和指定席之外，還很貼心地為不同需要的乘客設計了特別的車廂，例如女性專用車廂、弱冷氣車廂等。通常都會有明確的標示，方便乘客選擇適合的車廂就坐。

另外，如果乘坐關空快速（大阪至關西國際機場的電車）時要特別留意，乘客要記得待在 1-4 號車廂內，因為當電車行駛至日根野站時，電車便會分離，第 1-4 號車廂會前往機場，第 5-8 號車廂則會開往和歌山，千萬別搞錯！

各種車廂的特點

指定席
要額外購買指定席券，如果沒有購買票券而坐了指定席，在查票時需要補票。

自由席
沒有劃位，可以自由就坐，但乘客多時便只能站著了。

弱冷房車
弱冷氣車廂，冷氣會較弱，為了怕冷的乘客而設。

女性專用車両
女性專用車廂，在繁忙時段為了避免女性乘客受到痴漢（即色狼）的騷擾而設，在該時段搭乘電車時，男性乘客不可以進入女性專用車廂喔！

グリーン車
部分電車設有綠色車廂（Green Car），即頭等車廂，當然車資會高一點。

1 車廂標示是「自由席」，即是不設劃位，可以自由就坐
2 車廂標示是「指定席」，即是該車廂為劃位車廂，需要另補票價才可以乘坐

如何知道在哪裡下車？

多遊客都會煩惱，如果不會日文，在搭乘大眾交通工具時，如何知道應該在哪裡下車呢？其實，因為日本很多地名都是漢字，所以不用擔心看不懂，以防萬一，也可以事前先查好目的地的英文名稱以作確認。例如利用 GOOGLE，輸入「札幌、英文」，便會顯示札幌的英文名稱是「SAPPORO」，也可以參考本書附錄中的日本地名英文列表。準備下車時，除了可以看車上的電子看板，更可以聆聽英文廣播確認，那就萬無一失了。

在上車後，立即觀察車廂內有沒有報站的電子看板，新幹線、特急、新快速和快速大多都有報站服務，普通車（尤其行走較偏遠的城鎮）則不一定有報站服務，也可能只使用日文語音報站，報站時可以看電子看板確認，也可以聆聽英文報站服務。

不過，如果預計搭乘沒有報站服務的電車時，最好的方法是在搭乘前做點功課，先到電車的官方網站，查詢從出發地往目的地的電車車程有多長，到達目的地的時間大約是多少。例如，我想從新宿搭乘小田急前往藤子不二雄博物館，需要在登戶下車，預先在小田急的官方網站查詢（查詢方法可參考 P.84)，可以得知從新宿到登戶需要 20 分鐘，即是約 11:00 出發，約 11:20 就會抵達，如此一來就知道應該在什麼時候下車了。

如果忘記做事前功課時也不要緊，只要利用手機的 GPS 功能，就能看到現在身處的地方距離目的地有多遠，看到自己的所在點和目的地差不多時，就知道是時候下車了。不過，這個方法不一定可行，因為在某些偏遠的地方未必能收到訊號，請多加注意。

1 遊客經常乘坐的電車，一般都會有中文報站服務
2 除了中文之外，也有英文報站服務
3 隨時留意月台上的站牌，就可以知道是否已經到站。大部分站名都是漢字

出站時需要做什麼？

在日本的電車站出站，操作和台灣的捷運差不多，但因為有些遊客是使用 PASS 或交通優惠票券，所以在出站方式上也會有所不同。

使用 JR PASS 或交通票券

自 2020 年 6 月起，JR PASS 改為磁式車票，只要插入自動驗票閘口，就可進出車站。但有些地區仍使用自動改札口旁邊的人工通道，需向工作人員出示 JR PASS 或交通票券就可通過。

在售票機或綠色窗口購買車票

使用自動改札口，將票券放進驗票機裡即可；如果是特急券和指定席券，只需要三張票券疊在一起放進驗票機裡，記得在離開前取回從機器吐出的車票。

使用儲值卡

使用自動改札口，在機器上刷卡通過即可。

如果出閘時才發現儲值卡內的金額不足，或是所買的車票金額和所乘坐的距離不符時，可以前往自動精算機（補票機）補足票價；如果不知道如何使用精算機，也可以到人工通道請工作人員幫忙，只要將儲值卡交給他們，他們便會告訴你需要補多少金額。

插入儲值卡

硬幣入口

紙鈔入口

如果儲值卡中的金額不足，可以前往自動精算機補票，只
要插入儲值卡及放入金錢即可

1 也可以利用加值機，幫儲值卡加值，加值後就能通過驗票閘口了
2 出了閘口後，按照指示牌前往不同的出口，也可以轉乘其他交通工具

日本人搭乘電車時有什麼習慣？

日本人十分講究禮儀，尤其是在大眾交通工具上時，大家都會自覺遵守秩序，避免騷擾他人。來到日本搭乘電車時，作為一位好遊客，我們當然也要入境隨俗了！

❶ 避免在車廂內使用手機：必須將手機調至靜音，避免使用手機通話，如果要聽歌也請務必使用耳機。

❷ 避免在車廂內大聲喧嘩：如果在車廂內大聲談話，會被視為沒有禮貌，而且會騷擾到其他乘客。

❸ 將優先席讓座給有需要的人：和台灣的博愛座差不多，而且讓座時不要太刻意，只要自然地站起來即可，如果太刻意讓座，反而會令對方不敢坐下呢！

❹ 搭手扶梯時，靠在一邊站立，讓路給趕時間的人：有些地區是向左靠，有些地區則是向右靠，先觀察一下當地人舉動並照著做即可。

❺ 背包要向前背

1 看到這個指示牌時，即表示這裡是給有需要人士乘坐的優先席 2 優先席的座位會以特別顏色標示 3 在車站內搭乘手扶梯，需要視情形靠左站或靠右站（關西靠右，其他地區多數靠左），讓路給趕時間的人

如何查詢巴士時刻表及車資？

時　刻表和車資表可以在各種交通工具的官方網站中查詢到，基本上，巴士和電車的時刻表和車資表的看法是一樣的。以下以函館市電為例，教大家如何查詢到巴士班次和車資。

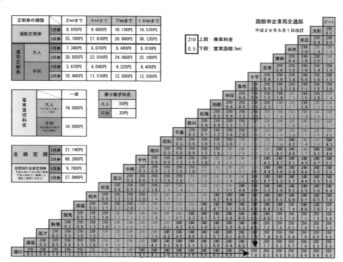

例如我想查詢從十字街（十字）前往湯川的方向，以十字街為起點，再以湯川為終點，可以得知車資即是 260 日圓。

* 圖片來源：
函館市電官網

至於時刻表，如果我要在十字街搭乘市電：從這個時刻表裡，可以得知在平日（週一至五），2 號電車的首兩班車會在 06：41 和 06：53 到站，5 號的首三班車是 06：45、06：49 和 06：59，以此類推。而土日（週六、日）和祝日（假日）時間則有不同。

平日		土日祝日	
2系統(谷地頭行)	5系統(函館どつく前行)	2系統(谷地頭行)	5系統(函館どつく前行)
6時 41.53	6時 末45.48.53	6時	6時 末45.48
7時 05.17.29.41.53	7時 11.23.35.47.59	7時 01.17.29.41.53	7時 11.23.35.47.59
8時 05.17.29.41.底53	8時 冬車06.11.23.35.47.59	8時 05.17.29.41.53	8時 11.23.35.47.59
9時 05.17.29.41.底53	9時 11.23.35.47.59	9時 05.17.29.41.底53	9時 11.23.35.47.59
10時 05.17.29.41.底53	10時 11.23.35.47.59	10時 05.17.29.41.53	10時 11.23.35.47.59
11時 05.17.底29.41.53	11時 11.23.35.47.59	11時 05.17.29.41.53	11時 11.23.35.47.59
12時 05.17.29.41.53	12時 11.23.35.47.59	12時 05.17.29.41.53	12時 11.23.35.47.59
13時 底05.17.29.41.53	13時 11.23.35.47.59	13時 底05.17.29.41.53	13時 11.23.35.47.59
14時 底05.17.29. 41.53	14時 11.23.35.47.59	14時 05.17.29.底41.53	14時 11.23.35.47.59
15時 底05.17.29.底41.53	15時 11.23.35.47.59	15時 05.17.29.41.53	15時 11.23.35.47.59
16時 05.17.29.41.53	16時 11.23.35.47.59	16時 05.17.29.41.53	16時 11.23.35.47.59
17時 05.17.29.41.53	17時 11.23.35.47.59	17時 05.17.29.41.53	17時 11.23.35.47.59
18時 05.17.29.41	18時 11.23.35.52	18時 05.17.29.41	18時 11.23.35.52
19時 05.17.29.41	19時 11.23.35.47.59	19時	19時
20時 04.28.52	20時 16.40	20時 04.28.52	20時 16.40
21時 16.59	21時 04.36	21時 16.59	21時 04.36
	22時 22		22時 22

基本上，日本的巴士和電車都是以類似的模式呈現車資和班次，只要學會其中的訣竅，無論搭乘巴士或電車前往任何地方都很方便喔！

上巴士時需要注意什麼？

對於許多遊客來說，搭乘巴士可說是一件十分苦惱的事情，一來巴士的線路複雜，二來也擔心自己不會上下車。不過幸運的是，日本的巴士系統非常方便，路線標示清楚，也設有報站服務，而且因為日本地名多為漢字，乘客只要留意車上的電子看板，就能知道在哪裡下車了。以下介紹在日本搭乘巴士的步驟，只要按部就班執行，搭乘巴士絕對不是難事！

STEP 1　確認巴士的行駛方向

因為日本巴士的來回路線是一樣的，所以在去程的巴士站對面，多數都能找到回程的巴士站。在搭乘前，請先確認巴士的行駛方向，通常在站牌都有清楚的標示，巴士車頭的看板上也會說明是前往哪個方向。例如我要從祇園搭乘巴士回京都車站，那麼就要留意巴士站的標示，確認哪一條路線是前往京都車站，根據巴士站看板的顯示，206 號巴士（北大路バスターミナル〔地下鉄北大路駅〕方向），可以到達京都車站。等巴士來了後，留意巴士車頭的看板，是否為往北大路バスターミナル〔地下鉄北大路駅〕方向，確認後才上車。

STEP 2　舉手搭車

請舉手示意需要上車，巴士就會停下。

1 在一些大站，會設有電子看板告訴乘客該巴士線路會經過什麼地方，只要多加留意，就不會上錯車了 2 為了不搭到反方向的巴士，請留意巴士車頭的看板上標示著前往哪個方向

STEP 3　由後門上車

日本巴士是從後門上車，前門下車。

STEP 4　支付車資

上車後，如果是使用儲值卡，請在卡機刷卡。如果是支付現金，請在整理券機抽取一張整理券。所謂整理券，其實是記錄你在哪一個車站上車，因為日本巴士都是以區間收費，所以記得要在上車時抽取，車開動了後就抽不了喔！使用交通票券搭乘巴士，只有部分地區需要抽取整理券（例如前往市郊時就需要抽取，市區內的站點則都不需要抽取），例如巴士一日券等，多數都不需要抽取整理券，只要在下車時將一日券展示給司機看即可。

巴士的車資如何計算？

 本巴士和電車都是以區間收費，即是在同一區間內，收費一樣，均一收費的巴士會顯示收費資料。

根據圖中看板顯示，這輛巴士的收費是同一區間均一價格，成人 230 日圓，兒童 120 日圓

例如從函駅（函館站）前往十字（十字街），收取 210 日圓；但若從函館站前往湯溫（湯之川溫泉），因為已不在同一區間內，則收取 250 日圓。

* 圖片來源：函館市電官網

如果超出了該區間，車資便會有所不同，以下以函館市電為例介紹。從此圖表可見，同一顏色是屬於同一區間，也是相同車資。

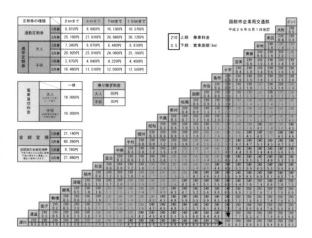

想知道自己需要支付多少車資時，可以根據上車時抽取的整理券以及看巴士上的收費螢幕。以右圖中這輛巴士為例，如果抽取的整理券的號碼是 1，那麼下車時就要支付 830 日圓；如果整理券號碼是 5，那麼車資則是 770 日圓，以此類推。

在日本搭乘巴士真的不困難，與搭乘電車等交通工具是一樣的流程，而且按照區間收費比無論去哪裡都均一收費更為公道！只要學會了搭車的步驟，就可以盡情使用巴士和市電遊玩各個景點了！

如何知道在哪裡下車？

乘巴士時，想要知道自己在哪裡下車，有很多方法：

如果不知道站名發音時

可以留意車頭位置的電子看板，因為大多數日本地名都是漢字，其實並不難看懂，日文裡的下一站是「次駅」，例如想前往京都車站，那麼當看板顯示「次駅：京都駅」時，就知道要下車了。所以，給大家一個溫馨提示，上車時請盡量乘坐在車頭附近的座位，可以清楚看到電子看板報站牌。

如果知道站名發音但看不到報站看板時

當車上乘客眾多而看不到電子看板時，可以留意語音報站，但必須先知道目的地的發音（多數發音和英文差不多）。可以在出發前先在網路上做功課，例如想知道祇園的英文拼音，只要在 GOOGLE 輸入「祇園、英文」，便會顯示祇園的英文名稱是「GION」，也可以參考本書附錄中的日本地名英文列表。

如果聽不懂站名發音又看不到報站看板時

此時只要利用手機裡的 GPS 功能，看一看自己和目的地的距離，差不多到達時，按鈴下車就可以了！

另外，如果發現有很多看似遊客的人一起下車，可以得知該站應該是一些重要景點的大站！所以，只要在巴士上多加留意電子看板，以及觀察外國乘客的下車地點，就不用擔心會下錯站了！

巴士上的電子看板會清楚說明下一站的資訊，而且站名多數是漢字，十分好認

下巴士時需要注意什麼？

上巴士後，盡量找尋前方的座位坐下或站著，因為巴士的報站電子看板設置在司機座位旁邊，坐或站在太後面的地方容易看不清楚。假設我從祇園到京都車站，隨時留意報站看板，當看板上出現「京都駅前」時，就按鈴準備下車了，下車請利用前門。此時，根據支付車資的方式不同，下車時須注意的事項也有所不同。

如果是刷儲值卡付費

十分簡單，下車時記得在驗卡機刷卡。

如果是使用現金付費

觀察顯示車資的看板，再看看自己手上整理券的代表數字，看板上會顯示在不同車站上車的乘客應付的車資。如何知道自己需要支付多少車資，詳細內容請參閱 P.101。如果沒有零錢，可以使用司機座位旁邊的兌換機，例如將 1000 日圓紙鈔放進去，會自動換成十個 100 日圓硬幣。如果不知道如何操作機器，可以請司機幫忙，日本司機一般都很親切，非常樂意幫助乘客。車資準備好後，直接將車資和整理券一起投進車資箱裡就可以了。

如果是使用交通票券

如果使用的是一日券之類的交通優惠券，要先確認是否需要補錢。有些巴士當乘車範圍超出了區間，便需要補回差價，但市區內的景點大多在同一區間內，大多數地方都是均一車資。例如，祇園和京都車站是在同一區間，但鞍馬則是在另一區間。對於遊客來說，除非是前往市郊，否則都只要將整理券投進車資箱裡，再向司機出示交通票券即可。如果需要補錢，出示交通票券，再將車資和整理券一起投進車資箱裡。

根據我的經驗，日本人都會禮讓外國遊客，而且司機也很有耐心和禮貌，他們一般都會幫助不知道如何支付車資的外國乘客，所以不用擔心，放心使用巴士，盡情地玩遍日本吧！

按鈴表示需要下車

儲值卡感應器

兌換機

巴士券入口

日本各區有哪些遊客
常使用到的地鐵線？可到達什麼站點？

在 一些日本大城市裡都有地鐵系統，例如東京、大阪、京都、福岡等，而且地鐵四通八達，主要是前往一些 JR 接駁不到的地方。例如東京，在 JR 山手線的許多大站也都有地鐵，因此遊客可以電車和地鐵互相運用，也不太需要使用巴士，就能到達許多熱門景點。在日本坐地鐵時可以使用儲值卡，基本上全日本的儲值卡都是通用的，在東京買的 SUICA，也可以在大阪搭乘地鐵使用，十分方便。地鐵的乘坐方式和台灣的捷運差不多，只要知道要搭乘哪一條線、應該在哪裡轉車，使用起來十分容易！以下是日本各區較常使用到的地鐵線及所到達的景點：

關東地區

東 京

銀座線
主要站點：涉谷、銀座、新橋（可轉乘百合海鷗號前往台場）。

丸之內線
主要站點：銀座、池袋、東京、新宿（可轉乘小田急電鐵前往箱根）、東京、上野、淺草（可步行前往淺草寺）

日比谷線
主要站點：中目黑、六本木、銀座、築地、秋葉原、上野

千代田線
主要站點：代代木、日比谷

有樂町線
主要站點：池袋、豐洲（可轉乘百合海鷗號前往台場）

副都心線
主要站點：池袋、新宿、涉谷

關西地區

大 阪

御堂筋線
主要站點：梅田（即 JR 大阪站）、淀屋橋、心齋橋、難波（即道頓堀）

千日前線
主要站點：難波、日本橋（可徒步前往黑門市場）

京 都

烏丸線
主要站點：四条（可前往河原町及祇園）、五条、京都（JR 京都站）、九条、十条

神 戶

西神・山手線
主要站點：新神戶、三宮、長田、新長田

海岸線
主要站點：三宮、元町、新長田

九州地區

福岡

機場線
主要站點：天神、中州川端、祇園、博多、福岡空港

北海道地區

札幌

南北線
主要站點：札幌、大通、薄野、中島公園、真駒內。

東北地區

仙台

南北線
主要站點：仙台、長町、富沢、廣瀨通、勾當台公園、台原等

東西線
主要站點：仙台、大町西公園、八木山動物公園

中部地區

名古屋

櫻通線
主要站點：中村區役所、名古屋、丸內、久屋大通、今池

名城線（環狀線）
主要站點：大曾根、名城公園、榮、久屋大通、金山

沖繩地區

沖繩本島

單軌電車
主要站點：那霸機場、美榮橋、牧志（可從這兩站前往國際通）、首里（可步行或乘坐計程車前往首里城）

1 在月台上可看到路線圖，知道附近會停靠什麼站 2 列車裡清楚顯示現在是前往哪個車站，旅客不用擔心下錯車

3 地鐵站同樣設有人工入口和自動入口 4 「行き」即是方向，圖中的「文の里　行き」，即是行駛向文之里的地鐵 5 日本的地鐵站都有英文代號，方便旅客聆聽英語語音報站服務下車，如圖中的天滿橋，代號便是T22

在日本搭乘計程車需要注意什麼？
搭乘計程車划算嗎？

去日本旅遊多次，但是從來沒有搭乘過計程車，原因很簡單，日本的巴士、地鐵、電車都很方便，幾乎每個景點都能到達，而更重要的是，計程車的車資真的很貴！舉大阪為例，以 680 日圓起跳，在 2000 公尺後，每 266 公尺 80 日圓。我曾經計算過，從泉佐野站（關西國際機場附近）坐到關西國際機場，只有 10 分鐘的車程，也需要 2660 ～ 3080 日圓，真的一點也不便宜啊！不過，如果想去的地方沒有大眾交通工具可以到達，或是在出發時大眾交通還沒有開始或已結束營運，那就不得不搭乘計程車了。

在日本搭乘計程車時的注意事項

❶ 日本的計程車有不同大小，可以容納不同人數，收費也因大小而有所不同。

❷ 計程車後座的門會自動打開，乘客請勿擅自開門，否則容易夾傷。

❸ 在乘車時如果只給司機地址，很多時候司機都不知道該如何前往，所以最好先查詢一些易認的地標，例如鄰近的車站、學校、百貨公司等，方便司機找路。

❹ 日本有些路口會禁止攔車，建議前往專門的計程車站搭會較保險。

❺ 付費時以現金為主，部分計程車也接受儲值卡，例如 SUICA 等。

❻ 不是每台計程車的前座都開放載客，如果需要坐在前座，需先獲得司機同意。

taxisite タクシーサイト

如果想查詢計程車的車資可以上 taxisite タクシーサイト 網站。以地域劃分，使用者可以先選擇北海道、關西、關東等區域，再輸入出發地及目的地，是否在深夜乘車，是否需要走收費公路等條件，就可以計算出需要的車資了。

日本的計程車有不同的顏色，不同顏色屬於不同的公司，但車資是一樣的

日本有哪些地方要利用電車到達？有哪些遊客經常使用的電車路線？

在某些城市，雖然沒有地鐵，但也有很方便的交通工具：市電。市電線路簡單易搭乘，只要清楚目的地是位在哪條線路上、需要乘坐哪一個方向的線路就能搭乘了。市電的班次很密集，而且收費也不貴，覆蓋了市內最主要的景點，是非常棒的交通工具！而且大部分市電都有一日乘坐優惠券，乘車時只需要將車券給司機看看即可，十分方便！唯一的缺點就是速度比鐵路慢一點，但能悠閒的坐車，一邊前往景點，一邊看看當地的街景，也是不錯的體驗！以下是日本各區遊客較常使用到的市電路線：

北海道地區

函 館

5 號系統
主要站點：湯之川溫泉、五稜郭公園前、函館站前、十字街、末廣町（可從十字街及末廣町前往元町教堂群及金森倉庫）

九州地區

熊 本

A 線
主要站點：熊本站前、熊本城市役所前、通筋町

長 崎

1 號線
主要站點：松山町、濱口町（從以上兩站可前往原爆紀念公園）、宝町（可前往稻佐山纜車）、長崎站前、築町（轉乘 5 號線可前往大浦天主堂下）

中國地區（山陰山陽）

廣 島

2 號線
主要站點：廣島站前、紙屋町東（可徒步前往本通）、原爆館前、宮島口（可搭船前往宮島）

1 號線
主要站點：廣島站前、紙屋町東、本通

中部地區

富 山

本線
主要站點：電鐵富山、電鐵黑部、宇奈月溫泉等

前往什麼地方時需要搭乘渡輪？
乘坐時需要注意什麼？

如果要前往小島時，就需要搭乘渡輪了，例如前往宮島的嚴島神社、大久野島（兔子島）等。通常碼頭都會位在車站附近，一下車都會有指示牌清楚指示，所以不用擔心找不到。購票時多數是使用機器，在碼頭或船上購票，只要輸入你要前往的地方，再輸入片道（單程票），還是往復（來回票）即可。不過，要注意的是，前往熱門小島如宮島的船班很多，但其他冷門的小島的船班較少，需要留意船班的時間，尤其是末班船的時間。在選擇要搭乘的船班時，也需要和車班配合，而船班時間則可以到各船公司的官網查詢。基本上遊客使用到這類交通工具的機會並不多，以下為大家介紹去日本旅遊時遊客較常搭乘的渡輪：

中國地區（山陰山陽）

宮島（海中大島居、嚴島神社）

先搭乘廣島市電或 JR 到宮島口碼頭，再搭 JR 或松大汽船前往宮島。

大久野島（兔子島）

先搭乘 JR 前往忠海站，再到碼頭乘船前往大久野島。

1 渡輪可以運載汽車渡海
2 船上的自動售票機

如何利用網站查詢租車及資訊？

可　以比較租車價錢的網站不少，除了台灣遊客經常使用的中文網站 TOCOO 和 TABIRAI 外，個人也很推薦使用樂天比價和租車，因為選擇多，而且有些價格甚至比租車公司官網更便宜！雖然介面是日文，但只要知道一些基本租車用語和操作方法，再加上 GOOGLE TRANSLATE 的輔助，到樂天租車也很輕鬆簡單！

TOCOO

樂天租車

TABIRAI

STEP 1

進入樂天租車網站，開始租車！

　　首先進入樂天租車網站，輸入要租車的日期，取車和還車的地點和時間。如果取車和還車的地點不同，則需要支付額外費用。

出發和還車的日期、時間

也可以區域搜尋

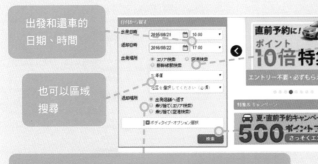

可以選擇機場或新幹線站附近的租車店

點選完時間、地點條件後，點擊搜尋

還車的地方：
「出発店舗へ返す」指和取車的地方一樣
乗り捨て（エリア検索）指異地還車，以區域搜尋地點
乗り捨て（空港検索）指異地還車，以機場搜尋地點

STEP 2

以詳細條件篩選車款

搜尋出租車方案後，可以再點擊進行篩選。

選擇車款，
「輕」即小型
車，較為便宜

選完車款後，
點擊再搜尋

是否包含免責補
償，禁煙車、吸
煙車，是否有
ETC 讀卡機等

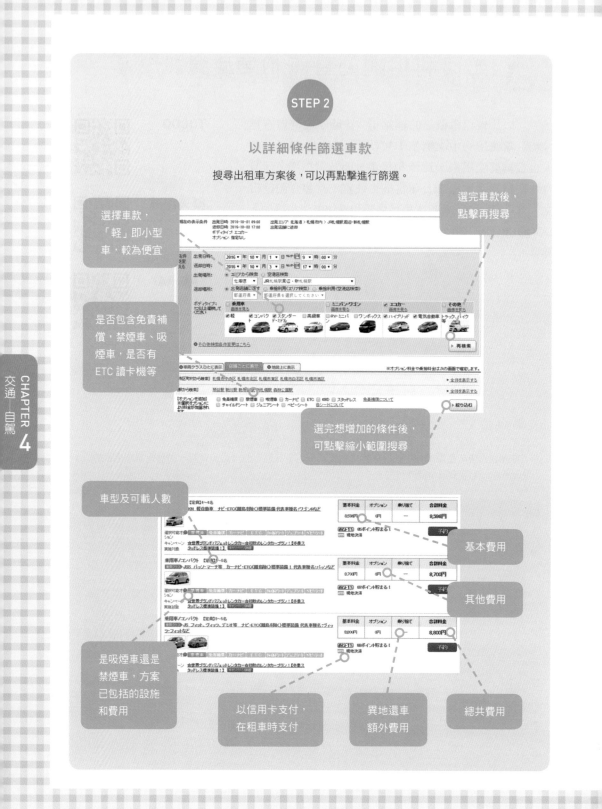

選完想增加的條件後，
可點擊縮小範圍搜尋

車型及可載人數

基本費用

其他費用

是吸煙車還是
禁煙車，方案
已包括的設施
和費用

以信用卡支付，
在租車時支付

異地還車
額外費用

總共費用

STEP 3

選取各項選項

選取你需要的選項，如汽車導航、兒童座椅、學童座椅、嬰兒座椅、ETC 等，請選取汽車導航（多數不用加錢），如同行者有兒童及嬰兒，為安全起見，請選取嬰兒座椅或兒童座椅（需要加錢）。如經常走高速公路，可選 ETC。

導航系統

兒童座椅

學童座椅

嬰兒座椅

ETC

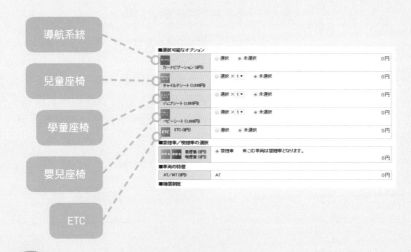

STEP 4

完成租車

確認好要選擇的租車方案後，點擊「予約」（即預約）按鍵，填寫一些司機的資料，以及信用卡號碼以作擔保，就可以預約租車了！

租車者姓名

電話號碼

緊急聯絡電話

乘車人數

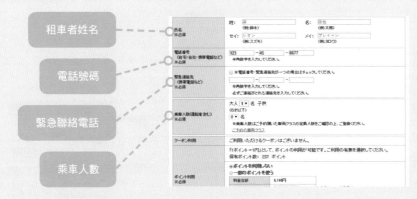

預約完畢後，樂天網站會將一份租車單寄到你的電子信箱中，將這份訂單列印出來，到達目的地後向租車公司出示租車單及所需文件（台灣駕駛執照、駕照日文譯本、護照），就可以取車了，十分方便簡單！

如何才能以最划算的價格租車？

相信大家一定想以最划算的價格租車，以下分享一些用較低價格租車的訣竅！

盡早預訂享受早鳥優惠

租車公司經常會推出早鳥優惠活動，例如在一個月前租車，或半個月前租車都會有早鳥優惠，不過為避免到時被搶購一空，還是建議在規劃好行程後立即預訂！預訂一般可以在指定日期前免費取消。以我的經驗來說，盡早預訂租車，價格一般會較便宜。

申請成為租車公司會員

在某些租車公司申請成為會員（可在網上申請），可以享有會員優惠，例如 ORIX 的會員可以享有 5% 優惠，HERTZ 的會員在租用 TOYOTA 的車時也可以享有優惠。

租用輕車

因日本推行使用輕車（K-Car ～ 660cc 四人座的小型車），如果行程不會走山路，多數在市內駕駛，或是乘車人數較少時，都建議租用輕車，會比租用五人車便宜許多呢！

利用樂天租車

樂天除了可以租房之外，還可以用作租車，根據我的經驗，樂天提供的租車方案都很實惠，有些甚至比租車公司的官網更便宜！而且還提供多間租車公司的比價，非常方便好用！使用程序和一般租車差不多，詳細內容請參閱 P109。

在樂天租車官網，可以輸入取車，還車時間及地點，找出適合自己的方案

如何選擇適合的租車公司？

 路上可以找到許多租車公司，要從中找到最適合自己的租車公司，並非僅僅以價格衡量，還有以下事項需要參考：

租車公司的地點

租車公司的地點很重要，許多租車公司都位在機場，如果想在機場租車，建議最好別在下機時直接租車，而先在機場附近的飯店休息一晚，如此一來可以有更多時間休息，避免發生意外。如果在市區租車，需要留意租車公司是否在飯店附近設有分店，以及和飯店的距離，如果距離太遠，拖著行李走路前往租車公司也是很辛苦！

租車公司的語言

有些租車公司不會租車給不會日文的遊客，通常大規模的租車公司都沒有這方面的問題，但是較小規模的租車公司，因為很多都是在加油站取車，加油站員工不一定具備英文能力，所以這些租車公司都不會租車給不會日文的客人。在租車時，最好先發 email 向租車公司表明自己不會日語，問清楚在不會日語的情形之下能否租車，免得取車時才遭到拒絕就麻煩了！

可否異地還車及
異地還車的地點

有些租車公司會提供異地還車服務（例如在札幌借車，在旭川還車），但會收取額外費用，也並非每一間公司都提供這項服務，還得視公司在哪裡設有分店而定。如果需要異地還車，在租車時，先看清楚租車公司在你的出發地和還車地有沒有營業點，以及是否接受異地還車，需要額外支付多少費用等。根據我的經驗，因為異地還車的費用一般都很貴，所以我通常不會選擇異地還車，而是以順時針或逆時針方向規劃行程，在同一地點租車及還車。

是否提供你
所需要的服務

例如能不能借用中文或英文 GPS、有沒有 ETC 卡（不常走高速公路則不需要）、有沒有你需要的車型和牌子等。

OTS 是很受台灣遊客歡迎的租車公司，提供中文服務，還時常推出早鳥優惠，愈早預訂，節省愈多喔

113

TOYOTA 也是很受歡迎的租車公司，品質很好，但價格也較貴

TIMES 也是自駕遊客的選擇之一，在很多地方都設有分店，而且擁有中文網站，租車無難度

在選擇租車選項時需要注意什麼？

在 網路上租車時，頁面上會出現一些選項供客人選擇，可以按照自己的需要添加設備。

車 型

包括日本很常見的輕車，也有較大的車輛。一般來說，如果是兩人同行，在縣內或市內移動，上山的路段不多時，可以選擇租用輕車。因為在日本輕車具有稅務優惠，所以會較便宜。但如果是長程駕駛，或需要走山路及高速公路時，五人車會較適合。請注意一點，如果是四人同行，租車時也要注意預留地方放置行李，所以租五人車也不適合。另外，如果在租車時看到「中古車」，即表示此輛車是較舊的車款，租用這種車的好處是因為它本身就是舊車，開車時心理負擔較輕，價格也會較便宜；缺點是性能不會像新車那麼好，看起來也不像新車那麼帥氣。

廠商和牌子

要選擇哪個品牌的車子，在於個人的習慣，在日本常見的牌子有 TOYOTA、HONDA、MAZDA、NISSAN 等，這幾間車廠都設有專用的租車公司，但有些較小的租車公司不能讓客人選擇品牌。如果個人對某個品牌有特別偏好，可以到專營的租車公司租車，價錢通常會較貴；如果對品牌並不在意，則可以到較小規模的租車公司，價錢會較便宜。

禁煙及吸煙

選擇禁煙車和吸煙車，請大家記得，如果選擇的是禁煙車，在車上是絕對不能吸煙的喔！

免責補償

免責補償即是保險,購買以後,如果遇上交通意外,而車子還能走動時,要支付20000日圓的NOC(即是因為車子弄壞了,租車公司不能將它租給別人而構成的損失補償金);如果車子不能動而需要拖車時,需要支付50000日圓的拖車資用。另外,有部分租車公司會提供「安心サポートプラン(NAS)(安心保險)」,購買了以後,一旦遇上意外也不用支付一分一毫,而且包括電池沒電、輪胎破損等支援保障。免責補償在日本為硬性規定購買,至於是否購買安心保險,則視個人的需要而定。

兒童座椅及嬰兒座椅

日本法例規定,兒童及嬰兒都必須使用兒童座椅,有些租車公司是免費提供,有些則需要收費。為了同行的孩子安全著想,請記得租用和在開車時使用兒童座椅!

汽車導航系統

即導航系統(GPS),會指引開車者如何前往目的地,即使不知道路,只要跟著指示,什麼地方都能到達了! GPS可以選擇語言,有中文、英文、日文、韓文等選擇,在租車時請註明需要哪種語言。在日本,導航系統多數是免費的,這系統既免費又好用,強烈建議在租車時選擇使用!

ETC 機

高速公路自動收費系統,在走高速公路時會自動記帳,不用支付現金,但並非每間租車公司都會提供。通常ETC機是免費的,但ETC卡需要在租車時提出,付費租用。如果使用高速公路的次數不多,或不會使用高速公路,則不需要租用。另外有些地方如九州會提供 Kyushu Expressway Pass(KEP,高速公路通行證),只要購買了這種通行證,就能在限定天數內無限次使用所定範圍內的九州高速公路(城市高速公路除外)。

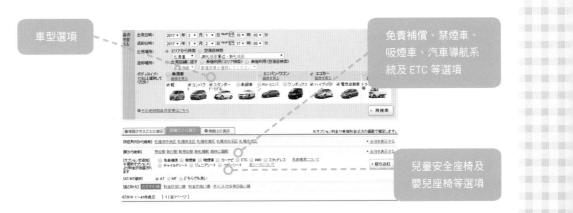

車型選項

免責補償、禁煙車、吸煙車、汽車導航系統及 ETC 等選項

兒童安全座椅及嬰兒座椅等選項

如何利用 GOOGLE 查詢行車距離？

要 規劃自駕行程，掌握時間、安排用餐及住宿地點，都需要先知道出發地與目的地之間的距離，還有研究一下地圖，看看中間會途經什麼地方，可不可以讓司機稍作休息或用餐，這時，GOOGLE 就成了大家的好幫手。

GOOGLE MAP

STEP 1 進入 GOOGLE MAP，開始查詢

首先進入 GOOGLE MAP，輸入你要出發的地方，並在紅色圖釘標誌處按滑鼠右鍵，選擇「到達此處的路線」。圖中示範輸入 JR 札幌站。

STEP 2 輸入目的地

於欄位輸入目的地後搜尋，便會出現路線和時間。圖中示範輸入旭川。

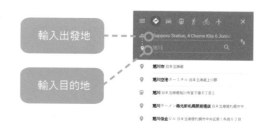

輸入出發地

輸入目的地

搜尋出行車路線

可以看到這條路線會經過收費站，如果想選擇免費路線，請點選「選項」按鍵。

點選汽車圖示，顯示汽車行駛時間

點選「選項」，可以作路線篩選

自動車道需要收費

STEP 4 點選條件篩選

在「路線選項」中，勾取自己希望的選擇條件。圖中示範搜尋避開收費站的行車路線。

在「避開」項目的「收費站」欄位上打勾，就能查到免費路線

　　比較兩條路線，收費路線需要 2 小時 3 分鐘，而免費路線需要 2 小時 48 分鐘，可以按照自己的喜好選擇路線，並大約能掌握出發時間和到達時間了。

租車需要準備什麼文件？

 抵 達租車公司租車時，需要出示以下文件：

- ❶ 台灣駕駛執照　　❸ 護照
- ❷ 駕照日文譯本　　❹ 列印出來的租車訂單

 # 取車的流程是什麼？需要注意什麼？

通 常取車的程序並不複雜，但需要花費一點時間，大約需要 15 ～ 30 分鐘，只要攜帶所需要的文件，到租車公司辦理以下手續即可。

STEP 1 前往機場的租車公司櫃檯

STEP 2 找到自己已訂的租車公司

STEP 3 繳交文件

　將所需文件（台灣駕駛執照、駕照日文譯本、護照）交給櫃檯人員。櫃檯人員會再向你確認還車日期等資料，及其他注意事項。

STEP 4　填寫文件

簽好櫃檯人員所交付的租車人文件，如收費條文、契約等，之後付費，可以使用現金或信用卡支付。

STEP 5　搭乘接駁巴士，前往取車

依照租車公司指引，找到接駁巴士並上車（如果租車公司的停車場和櫃檯在不同地方時）。

STEP 6　取 車

工作人員會帶你去取車，此時需要留意以下事項：
❶ 細心檢查車身有沒有刮痕，以及機件是否運作正常，如果發現有任何不妥，需要立即告知工作人員。在還車時才被發現車身有刮痕，則需要支付維修費用。
❷ 工作人員會交給你租車公司的電話，及遇上意外的聯絡方式等，請小心保管。
❸ 工作人員會教你如何使用 GPS。

仔細檢查車身有沒有刮痕及其他損壞

可以在車上找到租車公司的聯絡資料

STEP 7　完成取車

一切辦好後，就可以開車離開了。切記駕駛者需要一定時間熟悉車輛，所以避免開得太快，而旅伴也可以幫忙看 GPS，分擔駕駛者的負擔。

GPS 和 ETC 是什麼？
應該如何使用？

因為有了 GPS 的幫助，在日本自駕的遊客愈來愈多，即使不知道路、不會日文，只要跟著 GPS 的指示開車，就可以玩遍日本全國！GPS 即是衛星定位系統，它透過即時的道路數據分析，只要輸入目的地的電話或名字，並輸入要求（例如是否要走收費道路，選擇路線等），GPS 就會指引你該走哪條路、該在哪裡轉彎，以及告訴你所在地附近的加油站和休息站，非常方便。

如果要租用 GPS，只要在租車時加上選項即可，有多種語言可選擇，例如中文、英語、日語等，租用 GPS 多數都是免費的。在輸入目的地時，例如景點是一些博物館、建築物等，可以輸入電話；如果目的地是自然景點，例如河流、瀑布、湖泊等，而沒有電話時，只要在出發前先上網查好景點的 MAPCODE，在 GPS 輸入即可。如果想查詢 MAPCODE，可以利用日本 Mapion 地圖服務網站，基本上日本所有景點都已備齊。可以自行輸入景點名字搜尋，也可選取地圖搜尋。

在輸入 MAPCODE 或電話後，可以按照自己的要求進行篩選，例如要不要走有料路線（即收費高速公路），以及在幾條可行的路線中選取自己想走的一條，每一條路線都會清楚說明距離、時間及收費，只要選定了其中一條，就可以開始導航了。

日本 Mapion 地圖服務網站（地図検索なら Mapion）

至於 ETC 卡及讀卡機，並非每位遊客都要租用，租用也多數需要額外付費。ETC 是一種高速公路收費記帳卡，在經過高速公路收費站付費時，只要走 ETC 通道，就會自動記帳，相當方便。如果不走收費的高速公路，或是走收費路段的機會較少，並不需要租用。如果走高速公路次數較多，為了避免每次都要停下付費，浪費時間，遊客可以租用 ETC 卡，同時因為使用 ETC 卡付費，有時會獲得減價優惠。

如果想使用 ETC 卡，必須在租車時同時租用 ETC 讀卡機，多數車輛裡都已裝有讀卡機，不會額外收費，只要在租車填取選項及要求時選用即可，但並非每間租車公司都有提供 ETC 卡租用服務，在租車時需要先行確認。已備有 ETC 卡及 ETC 讀卡機後，還車時租車公司會取回 ETC 卡，點算使用了多少金額，到時再付款即可，十分方便。基本上，GPS 並不難用，ETC 也不是每位遊客都會使用到。只要習慣了之後，GPS 就會成為你的好幫手，帶領你前往想去的每一個地方！

GPS 使用流程

上車後啟動 GPS，介面可能只有日文（有些型號可以選擇中文或英文），但語音可以設定為中文或英文，請在取車時選擇好語言（操作根據不同品牌型號可能有所不同）。

STEP 1

STEP 2 　輕觸「目的地」，設定你要前往的地方。

STEP 3 　輸入目的地的電話，如果沒有電話，可以選擇輸入 MAPCODE。

STEP 4 　選擇想前往的地方名稱。

STEP 5 　選擇走有料（收費）公路，或是一般無料（免費）國道，也可以按「距離優先」，選擇較短的路線。

STEP 6 　可以開始導航了。

應該如何加油？

在 日本有兩種加油站，在偏遠的地方和北海道地區，通常是自助「セルフ（self）」，一來價錢較便宜，二來在凌晨時段也能加油。許多地方的加油站都有工作人員幫忙，價錢較貴，太晚了會關門，但好處是不用擔心如何加油。一般加油時，只要向工作人員說出以下三句話即可：

❶ 満タン（音為 MAN-TAN），即加滿之意，或 FULL　　❸ CARD DO（信用卡）或 CASH（現金）

❷ REGULAR（普通汽油）

如果是自助加油，可以依循以下步驟：

❶ 一般車輛為 REGULAR 普通無鉛汽油，紅色油槍。

❷ 選擇加油多少，刷信用卡或投入現金，之後就可以開始加油。

❸ 如果使用現金，自助加油站機器會找零，一部分機器則會印出單據，可以到一旁的自動精算機計算後取回零錢。

ENEOS 是日本最常見的加油站之一

日本的交通規則有什麼需要注意的事項？

在 日本自駕，請記得要遵守當地的駕駛規則，才可以安全出發，玩得開心！以下有幾個事項是需要特別注意：

❶ 日本是右駕，和台灣不同，雨刷與方向燈式也和台灣相反，駕駛時請多留意。

❷ 在日本綠燈亮起，要左轉時，左方行人仍可通行，必須先禮讓行人通過後方可左轉；右轉時需要讓對面線方向行車先通過及右方行人道上行人通過，方可右轉。

❸ 黃線絕不可停車，罰款會很重。

❹ 在郊外地方常有野生動物橫過馬路，請多留意。

❺ 如果收到罰單請在還車前自行繳清，否則租車公司會徵收高額的手續費。

在日本停車需要注意什麼？

　　自駕旅行在日本如此普遍，與停車較方便有很大的關係。許多景點都設有免費或收費的停車場，而一些飯店亦有停車的地方。不過要注意的是，在大城市如東京、大阪、札幌、福岡等，要找地方停車並不容易，就算有停車場，收費也相當可觀，所以較建議大家利用自駕方式到郊外的景點遊玩，大城市內則以大眾交通工具為主。

　　另外，在日本停車，收費通常是以時間計算，例如 20 分鐘、30 分鐘、1 小時、2 小時等，日間的收費會比晚上較高。如果要通宵停泊車輛，一般也有時間限制，例如黃昏 6 點至早上 8 點等。如果想自駕旅行，首先要做足功課，留意景點和飯店有沒有停車場服務，如果沒有的，則再看看附近有沒有停車場。需要注意的是，寫著「月極駐車場（月租停車場）」或「專用駐車場（給顧客使用的專用停車場）」都是不能停車的喔。以下介紹三種日本最常見的停車場和使用方法：

人工收費停車場
多數設於景點或飯店，以人工收費，一般是按次收費。

機械式車庫停車場
這種停車場在日本十分常見，一般會有工作人員操作，只要將車開進車庫即可，機械會將車自動放進相應放置格，工作人員會給你一個牌子，記錄著車子放置位置，別忘記先將後照鏡收下才開進車庫。進車庫前請先取走要帶走的東西，因為車一旦停進了車庫後就很難回去拿。如果是較大型的車子，進車庫前要留意車高及車長的限制。取車時將牌子交給工作人員，他們就會將車子轉回來，之後就可以開走車子。

以電腦收費的停車場
一般分為欄式及檔板式兩種，欄式基本上和台灣停車場一樣，進停車場閘口時先取票，離開時將票放進閘口，就會計算停車費，投入費用後，閘門會打開，讓車子離開。檔板式停車場在日本也很常見，將車停進一個車位後，車位的檔板會自動升高，讓車不能駛離。而在離開時，先看看停車位的號碼，到收費機輸入號碼，再支付相應的停車費後，車位的檔板會放下，此時就可以開車離開。

1 日本的檔板式停車場，車停進車位後，檔板會升起 2 檔板式停車場的付款機，只要輸入停車位號碼，機器會計算需要支付多少錢，付好錢後，檔板會放下，車就可以離開了

3 這種欄式收費停車場和台灣差不多，在日本也很常見 4 圖中左邊為還沒升起的檔板，右邊為車子停進後，升起的檔板

5 「月極駐車場」即是月租車位，遊客是不能使用的 6 日本的立體停車場

如果遇上意外應該怎麼辦？

如果遇上車輛故障時，可以立即聯絡租車公司，公司會派人前來幫忙（可能需要收費，視購買的保險範圍而定）。如果遇上交通意外時，除了通知租車公司之外，記得一定要報警備案，否則保險公司將不會賠償。以下為一些遇到意外時可求助的電話：

日本警局
3501-0110（英語）

OTS 租車公司救助電話
北海道救助中心：011-857-8139
九州救助中心：092-841-5000

TOYOTA 租車
可致電出租汽車的營業所

NIPPON 租車
事故通報中心：0120-220-865

TIMES 租車公司救助電話
全球客戶服務中心：+81-50-3786-0056

還車的流程是什麼？

還車的程序十分簡單，在還車前需要先找一個最接近租車公司的加油站，將車加滿油，記得保存好單據，因為還車時租車公司的工作人會檢查。還車約需要十幾分鐘。首先將車開回租車公司，工作人員會檢查車子是否完好，以及要求你出示加油收據，等一切都檢查清楚後，就可以離開了。

STEP 1 利用 GOOGLE MAP，找出還車地點位置

進入 GOOGLE MAP 後，輸入還車地點。圖中示範輸入 Orix 租車日本。

STEP 2 開始搜尋還車地點附近的加油站

在紅色圖釘標誌處按滑鼠右鍵，會出現功能列表，選擇「搜尋附近地區」。

STEP 3 找到附近的加油站

於左邊搜尋列輸入「加油站」後點選搜尋，就可以找到距離還車地點附近最近的加油站，並記下加油站的電話。

STEP 4 利用 GPS 前往加油站加油

利用 GPS 導航，輸入最靠近還車地點的加油站電話，前往加油站加滿油，請記得好好保管加油的收據喔！（有些租車公司會向你索取最後一張加油收據，確保加滿了油才還車。）

STEP 5 完成還車

回到租車公司後，只要讓工作人員檢查車有沒有損壞，並交出加油站的收據，最後簽名，便能完成還車手續了！

如何規劃自駕行程？

自駕是一種很自由自在的遊玩方式，可以不受時間、不受景點的距離限制，想到哪裡就到哪裡，所以也愈來愈多遊客選擇自駕遊日本。但在安排自駕行程時，也有一些需要注意的事項和技巧，清楚之後才能玩得安全又開心喔！

注意駕駛者的休息時間

自駕旅行最辛苦的是駕駛者，如果同行中有兩人或以上會開車，那就最好不過了，駕駛者的負擔會減少許多，但如果只有一人會開車，也可以在行程安排上花點心思，讓駕駛者爭取更多時間休息，例如：

> **將長途車程分割**
> 舉一個例子，例如在遊完釧路後，需要回去札幌，如果不走高速公路，就有相當長（約 6 ～ 7 小時）的車程，此時可以安排將長途車程分為兩天進行，選擇位於釧路和札幌中間的帶廣作為中間休息地點，先從釧路開車至帶廣，在帶廣休息一晚後，第二天再繼續開車前往札幌。總而言之，如果出發地距離目的地很遠，車程很長，就可以參考地圖，找尋這兩個地方中間有什麼較大的城市，可以在那裡住宿一晚，隔日再繼續行程，如此一來駕駛者即可養足精神繼續開車，對安全更有保障了！

多利用休息站及便利商店

開車超過兩小時，駕駛者便會開始出現疲態，因此在行程規劃時，可以先調查路程上有沒有休息站（日本稱為「道之駅」）或便利商店，例如從長崎開車到熊本需要 3～4 小時，那麼可以在駕駛約兩小時後開車進休息站休息。根據我的經驗，日本公路上有很多便利商店，全部都有提供免費停車服務。在大約開車兩小時後，只要旅伴幫忙留意經過的便利商店，要找到地方讓駕駛者休息並不困難！

減輕駕駛者負擔

駕駛者一人難以兼顧留意路況及 GPS，可以由一位旅伴負責看 GPS，將方向、距離、轉彎的地方告訴駕駛者，並幫駕駛者留意路上有沒有加油站、便利商店、餐廳等，減輕駕駛者的負擔。

利用高速公路

日本部分高速公路需要收費，但卻可以省下相當的車程，如果收費不太昂貴或是預算充足，可以在 GPS 路線設定時，選擇「有料路線（收費路線）」，以節省時間。

預訂酒店和規劃景點時，注意是否有停車場

日本很多景點都有提供停車場服務，部分需要收費，如果該景點沒有停車場，便要先查詢景點附近有沒有收費的停車場。住宿方面，並非每間飯店或旅館都有車位，如果是自駕，在預訂飯店時要格外留意飯店或其附近是否有停車場。

避免在大城市內自駕遊玩

在大城市通常難找車位，容易塞車，而且大城市大多交通發達，沒有開車的必要，所以自駕的地方建議以郊區為主，例如在九州租車，可以在福岡取車，遊玩九州其他地方，回程回到福岡還車後，再利用大眾交通工具在福岡市內遊玩。

以順時針或逆時針方向規劃行程

如果是以大眾交通工具為主，較適合先選取一個中心點，再向外延伸至周邊景點規劃行程，但如果是自駕，則可以採用順時針或逆時針，以不走回頭路的方式規劃行程。例如，要規劃一次全九州之旅，可以在福岡取車，再以順時針方式，先玩北部的門司港，再往東部的別府、由布院，向南部的宮崎及鹿兒島推進，接著轉上西部的熊本，再經佐賀前往長崎，最後以福岡為終點站。如圖示中示範規劃。

注意身體狀況及安全

自駕有三大禁忌，規劃行程時務必注意：

不要在剛下飛機後開車
剛下機時身體狀態最差，絕不適宜開車，建議先在機場附近住宿一晚，第二天才開始旅程。

不要在雪地開車
台灣平地地區甚少下雪，遊客都不習慣在積雪的情況之下開車，易生危險，如果在冬天前往一些下雪的地方，還是使用大眾交通工具較佳。

盡量不要在晚上開車
日本的公路上街燈很少，或是甚至沒有街燈，而且駕駛者對路況不熟，在晚上開車易生意外，所以在規劃行程時，最好避免晚上的車程，先安排休息一晚，隔日再繼續車程。

另外，在夏天時，駕駛者忙於開車，沒有時間停下喝水，容易中暑，旅伴可以在停紅綠燈時為駕駛者送上飲料喔！

我需要買 JR PASS 嗎？
在什麼情況之下購買最划算？

JR PASS 是一種以天數為期，有地域所限，可以無限次搭乘 JR 國鐵電車，只販售給外國遊客的一種優惠票券。例如買了一張北海道 5 天的 JR PASS，就可以在指定地區和連續 5 天內，使用 JR PASS 搭乘 JR 電車。有些遊客會認為前往日本遊玩，一定要買 JR PASS 才划算，我認為，購買與否，應該視旅程規劃而定，如果旅程中很少搭乘電車，又或者乘坐長途電車的次數不多，那麼購買 JR PASS 不但省不了錢，還會多花錢呢！

如何知道自己是否需要購買 JR PASS，以下列舉兩個例子說明：

需要購買 JR PASS 的情形

1 首先擬定要前往的地方
行程：北海道旭川及道東 5 天之旅
預計前往的地方：札幌、旭川、網走、道東三湖

2 計算旅程中會搭乘到的最長程電車
札幌➡旭川
旭川➡網走
網走➡札幌

3 前往 JR 官網查看每趟車程的車資
札幌➡旭川（特急，自由席）4690 日圓
旭川➡網走（特急，自由席）8030 日圓
網走➡札幌（特急，自由席）10010 日圓
總車資：22730 日圓

4 觀察 JR 官網的票券方案
根據 JR 官網資料，有以下幾種票券方案：

種類	5 日用		7 日用	
	成人	兒童（6-11 歲）	成人	兒童（6-11 歲）
赴日前購買	19,000 日圓	9,500 日圓	25,000 日圓	12,500 日圓
日本國內購買	20,000 日圓	10,000 日圓	26,000 日圓	13,000 日圓

札幌➡旭川➡網走➡札幌這 5 天行程的總車資是 22730 日圓，而北海道 5 天周遊券的價錢是 19000 日圓（20000 日圓），可以節省 2730 ～ 3730 日圓，在這情況下很適合購買 JR PASS。

不需要購買 JR PASS 的情形

1 首先擬定要前往的地方

行程：四天大阪、京都之旅

預計前往的地方：大阪、京都

2 計算旅程中會搭乘到的電車

關西國際機場➡京都

京都➡大阪

大阪➡關西國際機場

3 前往 JR 官網查看每趟車程的車資

京都➡關西國際機場（HARUKA 特急），2900 日圓

京都➡大阪（新快速），570 日圓

大阪➡關西國際機場（快速），1210 日圓

總車資：4680 日圓

4 觀察 JR 官網的票券方案

根據 JR 官網資料，有以下幾種票券方案：

有效期	透過海外旅行社購買	透過 JR-WEST ONLINE TRAIN RESERVATION 購買	透過 JR 西日本車站（售票處）購買
1 天內		大人 2,400 日圓 / 兒童 1,200 日圓	
2 天內		大人 4,600 日圓 / 兒童 2,300 日圓	
3 天內		大人 5,600 日圓 / 兒童 2,800 日圓	
4 天內		大人 6,800 日圓 / 兒童 3,400 日圓	

如果購買 4 天券，需要 6800 日圓，比分開單程購買車票還要貴 2120 日圓，就可以知道在這種情形下不需要購買 JR PASS 了。

由此可見，「到日本旅行，一定要買張 JR PASS 才划算」這個說法並非事實喔！在購買前，先按照所擬的行程，計算當中幾趟最長的車程，再查詢車資，如果加總起來比 JR PASS 還更便宜，就不用購買 JR PASS 了！

我需要購買
什麼類型的 JR PASS？

JR PASS（國鐵周遊券）的特點是：有時間和地域的限制。所以如果你已計算過，購買 JR PASS 比較划算，在決定買哪一種的 JR PASS 時，需要前往 JR PASS 的官網，根據每種 JR PASS 的地域限制和時間限制，觀察哪一種票券較適合自己的行程。

以關西地區的 JR PASS 為例，打開 JR PASS 官網時會發現共有八種 JR PASS，真是讓人眼花撩亂！不過不用著急，因為每一種票券都有明確的指示，詳細介紹使用範圍、時限，以及不包括哪種電車。例如最常使用的「關西地區鐵路周遊券」，就包括了大阪一些遊客常到的區域，如關西國際機場、天王寺、難波、環球影城，以及京都、神戶、姬路、奈良等，如果你主要前往這些地方，購買此款周遊券就最適合了。之後再看看時限，總共分為 1、2、3、4 天，購買哪一種可以視旅程而定。例如你會利用 3 天在京都、大阪、

奈良、神戶之間移動，那麼購買 3 天時限的票券就足夠了。

如果行程還會前往岡山地區，那麼就需要購買另一種 JR PASS：關西廣域周遊券。使用此款票券，可以乘坐由新大阪開往岡山的新幹線（普通車自由席），還可以用作搭乘來往關西國際機場和京都的 HARUKA（普通車自由席），但也需要留意此周遊券不能搭乘的電車，包括東海道新幹線（新大阪至東京）、山陽新幹線（岡山至博多）以及九州新幹線（博多至鹿兒島中央）。此周遊券的時限只有 5 天內。

日本的國鐵網站都有相當清楚的中文說明，所以只要看清楚每種周遊券所包括的區域，再看看所限天數，就能選擇出最適合自己的方案了。以下是遊日旅客最常使用到的 JR PASS：

日本鐵路通票

覆蓋範圍：日本全國 JR 集團全線及新幹線，JR 巴士公司各地方路線及 JR 西日本宮島客輪。

適用的遊客：在日本大範圍完成全國長途旅行的遊客。

注意事項：❶ 此票券不包含東海道、山陽、九州新幹線的「希望（Nozomi）」號、「瑞穗（Mizuho）」號的非預定座位及預定座位。乘坐「希望（Nozomi）」號、「瑞穗（Mizuho）」號時須補費用。❷ 此票券需要連續使用。

官網

票價：於網頁銷售服務或日本國內窗口購買時

種類	綠色車廂用		普通車廂用	
區分	大人	兒童	大人	兒童
7 天內	44,810 日圓	22,400 日圓	33,610 日圓	16,800 日圓
14 天內	72,310 日圓	36,150 日圓	52,960 日圓	26,480 日圓
21 天內	91,670 日圓	45,830 日圓	66,200 日圓	33,100 日圓

於海外的 JR 指定銷售店或代理店購買時

種類	綠色車廂用		普通車廂用	
區分	大人	兒童	大人	兒童
7 天內	39,600 日圓	19,800 日圓	29,650 日圓	14,820 日圓
14 天內	64,120 日圓	32,060 日圓	47,250 日圓	23,620 日圓
21 天內	83,390 日圓	41,690 日圓	60,450 日圓	30,220 日圓

東京廣域鐵路周遊券（JR TOKYO WIDE PASS）

覆蓋範圍：東京都內（東京站、品川站、池袋站、新宿站、代代木站）、橫濱站、熱海站、伊東站、輕井澤站、日光站、櫪木站。

適用的遊客：在東京及東京周邊地區遊玩的遊客（如果只在東京都內遊玩並不划算）。

注意事項：❶ 此票券需要連續 3 天使用。❷ 此票券不包括東海道新幹線。

票價：可在 3 天內不限次數搭乘指定區域內的列車、新幹線。成人 10180 日圓、兒童 5090 日圓

官網

關西地區鐵路周遊券（KASAI AREA PASS）

官網

覆蓋範圍：關西空港站、大阪站、難波站、新大阪站、京都站、嵯峨嵐山站、奈良站、和歌山站、三宮站、神戶站。

適用的遊客：在關西地區（即大阪、京都、奈良、神戶）遊玩的遊客。

注意事項：❶ 此周遊券只包含和歌山站，並不包含和歌山市及白濱站。❷ 此票券需要連續使用。

票價：無論在海外購買，還是透過 JR-WEST ONLINE TRAIN RESERVATION 購買，亦或是在 JR 西日本車站售票處購買關西地區鐵路周遊券，價格均相同。

有效期	透過海外旅行社購買	透過 JR-WEST ONLINE TRAIN RESERVATION 購買	透過 JR 西日本車站（售票處）購買
1 天內	大人 2,400 日圓 / 兒童 1,200 日圓		
2 天內	大人 4,600 日圓 / 兒童 2,300 日圓		
3 天內	大人 5,600 日圓 / 兒童 2,800 日圓		
4 天內	大人 6,800 日圓 / 兒童 3,400 日圓		

關西廣域鐵路周遊券（KASAI WIDE AREA PASS）

官網

覆蓋範圍：除了包含關西地區鐵路周遊券的範圍之外，也包括了和歌山市、白濱、紀伊勝浦、岡山和倉敷站。

適用的遊客：在關西、和歌山和岡山一帶遊玩的遊客。

注意事項：❶ 此周遊券只能到達岡山，包括從新大阪到岡山的山陽新幹線，但不包括廣島地區。❷ 此票券需要連續使用。❸ 此周遊券不包括九州新幹線（博多至鹿兒島中央）、東海道新幹線（新大阪至東京）及山陽新幹線（岡山至博多）。

票價：

有效期	透過海外旅行社購買	透過 JR-WEST ONLINE TRAIN RESERVATION 購買	透過 JR 西日本車站（售票處）購買
5 天內	大人 10,000 日圓 兒童 5,000 日圓	大人 10,800 日圓 兒童 5,400 日圓	大人 11,000 日圓 兒童 5,500 日圓

北海道周遊券（HOKKAIDO RAIL PASS）

官網

覆蓋範圍：札幌站、旭川站、富良野站、美瑛站、網走站、釧路站、函館站。

適用的遊客：在北海道地區遊玩的遊客。

注意事項：❶ 此票券不包括北海道新幹線、道南 ISARIBI 鐵道線、路面電車、地下鐵。❷ 此票券分為 5 日及 7 日券，需要連續使用。

票價：

種類	5 日用		7 日用	
區分	大人	兒童	大人	兒童
赴日前購票	19,000 日圓	9,500 日圓	25,000 日圓	12,500 日圓
日本國內購票	20,000 日圓	10,000 日圓	26,000 日圓	13,000 日圓

北九州鐵路周遊券（NORTHERN KYUSHU AREA PASS）

覆蓋範圍：博多站、小倉站、門司港站、佐賀站、長崎站、豪斯登堡站、熊本站、阿蘇站、由布院站、別府站。
適用的遊客：在九州北部遊玩的遊客。
注意事項：❶ 此票券包含九州新幹線（博多～熊本），西九州新幹線（武雄溫泉～長崎），不適用新幹線（小倉～博多）、地下鐵、公車，或其他公司、組織營運的鐵路。❷ 此票券必須連續 3 天或連續 5 天使用。
票價：

官網

有效期限	價格
3 日券	大人 10,000 日圓 / 兒童 5,000 日圓
5 日券	大人 14,000 日圓 / 兒童 7,000 日圓

南九州鐵路周遊券（SOUTHERN KYUSHU AREA PASS）

覆蓋範圍：熊本站、延岡站、人吉站、鹿兒島中央站、指宿站、隼人站、宮崎站、宮崎機場站。
適用的遊客：在九州南部遊玩的遊客。
注意事項：❶ 此票券可在連續 3 天內，使用搭乘熊本及延岡以南的普通列車、特快列車、新幹線（熊本～鹿兒島中央）❷ 不可搭乘私鐵與巴士
票價：

官網

有效期限	價格
3 日券	大人 8,000 日圓 / 兒童 4,000 日圓

全九州鐵路周遊券 （ALL KYUSHU AREA PASS）

覆蓋範圍：除了包含北九州票券的範圍之外，更包括了鹿兒島中央站、指宿站、宮崎站、人吉站
適用的遊客：在全九州遊玩的遊客。
注意事項：
❶ 此票券包含九州新幹線（博多～鹿兒島中央），西九州新幹線（武雄溫泉～長崎），不適用新幹線（小倉～博多區域）、地下鐵、巴士，或其他公司、組織營運的鐵路。❷ 此票券必須連續 3 天、5 天或 7 天使用。
票價：

官網

有效期限	價格
3 日券	大人 17,000 日圓 / 兒童 8,500 日圓
5 日券	大人 18,500 日圓 / 兒童 9,250 日圓
7 日券	大人 20,000 日圓 / 兒童 10,000 日圓

山陰山陽地區鐵路周遊券

覆蓋範圍：大阪站、京都站、奈良站、神戶站、姬路站、岡山站、廣島站、宮島口站、鳥取站、境港站、米子站、松江站、出雲站。

適用的遊客：在關西及山陰山陽一帶遊玩的遊客。

注意事項：

❶ 此票券包含山陽新幹線的普通車廂指定座席(新大阪至博多)及廣島前往宮島的渡輪。❷ 此票券需要連續使用。

官網

票價：

有效期	透過海外旅行社購買	透過 JR-WEST ONLINE TRAIN RESERVATION 購買	透過 JR 西日本車站（售票處）購買
7 天內	大人 20,000 日圓 兒童 10,000 日圓	大人 21,500 日圓 兒童 10,750 日圓	大人 22,000 日圓 兒童 11,000 日圓

高山、北陸地區鐵路周遊券

覆蓋範圍：名古屋～下呂～高山～富山之間、關西機場～大阪市內～京都～加賀溫泉～金澤之間的 JR 在來線、金澤～富山間的「北陸新幹線」，可以不限次數自由搭乘。

適用的遊客：在高山、北陸地區遊玩的遊客。

注意事項：❶ 此票券包含了巴士，如濃飛巴士、富山地鐵、北鐵巴士的白川鄉 - 金澤線；高山 - 富山線：高山濃飛巴士中心～白川鄉～金澤之間(部份需要預約)，以及加越能巴士的世界遺產巴士：白川鄉～新高岡站區間。❷ 此票券不可搭乘京都站～新大阪站區間的東海道新幹線，如想搭乘富山站～金澤站區間的北陸新幹線指定座席時，也需另行支付所需的費用。❸ 此票券必須連續 5 天使用。

官網

票價：

有效期	線上購買	自日本國外的旅行代理店購買	自日本國內的車站等購買
連續 5 日內有效	大人 15,280 日圓 兒童 7,640 日圓	大人 14,260 日圓 兒童 7,130 日圓	大人 15,280 日圓 兒童 7,640 日圓

東北 · 南北海道鐵路周遊券

覆蓋範圍：自抵達日起，6 天無限次使用，包括：JR 北海道線、JR 東日本線(含BRT)、青之森鐵路線全線、IGR 岩手銀河鐵路線全線、仙台機場鐵道線全線

適用的遊客：在北海道及東北遊玩的遊客

購買地點：可在網上預購，也可到 JR 東日本車站的旅行服務中心（View Plaza）或 JR 售票處（Midori-no-madoguchi），以及位於 JR 北海道車站的「JR 旅行中心（Twinkle Plaza）」或 JR 售票處（Midori-no-madoguchi）購買。

注意事項：無法搭乘道南 ISARIBI 鐵道線。

官網

票價：

有效期	價格	
	大人（12 歲以上）	兒童（6～11 歲）
可在 6 天內不限次數搭乘指定區域內的列車、新幹線	24,000 日圓	12,000 日圓

四國鐵路周遊券 （ALL SHIKOKU RAIL PASS）

覆蓋範圍：高松、松山、高知、德島、大步危、鳴門等各站，除了 JR 以外，還可以免費乘坐琴電、伊予鐵道、阿佐海岸鐵道，土佐電交通全線，小豆島渡輪及小豆島橄欖巴士。

適用的遊客：在四國遊玩的遊客。

注意事項：❶ 本周遊券無法搭乘 Sunrise 瀨戶號及少爺列車，小豆島渡輪的高速船及高松～土庄間以外的航線，及各公司（除小豆島橄欖巴士）的路線巴士。

❷ 此周遊券可以搭乘 JR 瀨戶大橋線兒島站以南的列車。兒島站以北（岡山站方向）為有效區段外。如欲前往有效區段外旅行，需另付該區段的車資及費用。

❸ 此票券必須連續 3 天、4 天、5 天或 7 天使用。

官網

票價：

有效期	海外銷售	日本國內銷售	透過 JR-WEST ONLINE TRAIN RESERVATION 購買
3 日型	大人 9,000 日圓 兒童 4,500 日圓	大人 9,500 日圓 兒童 4,750 日圓	大人 9,500 日圓 兒童 4,750 日圓
4 日型	大人 10,000 日圓 兒童 5,000 日圓	大人 10,500 日圓 兒童 5,250 日圓	大人 10,500 日圓 兒童 5,250 日圓
5 日型	大人 11,000 日圓 兒童 5,500 日圓	大人 11,500 日圓 兒童 5,750 日圓	大人 11,500 日圓 兒童 5,750 日圓
7 日型	大人 13,000 日圓 兒童 6,500 日圓	大人 13,500 日圓 兒童 6,750 日圓	大人 13,500 日圓 兒童 6,750 日圓

如何才能購買 JR PASS？
如何才能在日本換取 JR PASS？

據 JR 官方網站資料，所有以觀光為理由的「短期逗留人士」，即是外國觀光旅客，都可以購買 JR PASS。當入境填寫入境卡時，填寫來日的理由是「觀光」，關員就會在護照上蓋上短期逗留的印章或貼紙，如果沒有這個印章或貼紙，就不能換取 JR PASS。如果入境時使用自助通道，可以請關員幫你補上蓋章或貼紙。

所有 JR PASS 交換證（即兌換券）都可以在出發前向自己居住地的代理商購買，如果在日本當地購買，第一是未必每個地方都能買到，第二是價錢會貴一點。在購買交換證後，可以在購買日起的三個月內，換取 JR PASS，在抵達日本時，可以到 JR 的人工售票處（即綠色窗口），出示護照（護照上必須有證明「短期逗留」的印章或貼紙）、交換證及有關可確認購買資格的證明書，就可以換取 JR PASS 了。JR 東日本鐵路周遊券可在官方網站預約，並在指定席售票機加裝護照讀取功能，可取票及購票，不用在櫃檯排隊，取票更方便。在換取日的一個月內，乘客可以選擇任何一天作為起始使用日，起始使用日一旦記載在 JR PASS 上，就不能更改了。

護照上需要有「短期滯在」的貼紙或印章，才能購買 JR PASS

探討這個問題前，我們首先要知道 **JR PASS** 的特點：

▎有地域和時間限制
▎使用在搭乘長途車程最划算

所以在制定行程時，我們就要按照這兩個特點，依循以下步驟設計：

❶ 先列舉出自己要前往的地方，以及旅程大約有多長，例如，我想規劃一次 7 天的北海道之旅，遊玩的地方包括：札幌、函館、旭川、富良野和美瑛。

❷ 觀察行程中搭乘電車的次數多寡，以及長途車程共有多少趟。以上述例子來看，長途車程共有四趟：札幌來回函館，札幌來回旭川。

❸ 查看北海道 JR PASS 的價格，根據官網資料，5 日券是 19000 日圓。來回札幌及函館單程是 8910 日圓（特急，自由席），來回是 17820 日圓。而來回札幌和旭川單程是 4690 日圓（特急，自由席），來回是 9380 日圓。四趟車程加總起來是 27200 日圓，如果購買 5 日券，可節省 8200 日圓。

官網

❹ 在設計行程時，將長途車程放在 5 天以內：

第一天 ── 新千歲機場➡函館
第二天 ── 一整天在函館遊玩

第三天 ── 早上搭乘電車回到札幌，再從札幌轉車到旭川，最後可在旭川市內遊玩
第四天 ── 以旭川為中心，遊玩富良野和美瑛（從旭川前往富良野和美瑛都可以使用 JR PASS）
第五天 ── 旭川回札幌，也可以順道遊玩小樽
第六天 ── 札幌市內遊玩
第七天 ── 回國

**為什麼要將札幌放到最後？
主要有兩個原因：**

❶ 札幌市內可以步行或使用地鐵，不用搭乘電車，所以先將要搭乘電車的地方排在前面，讓 JR PASS 物盡其用。
❷ 第七天回國，如果在前一天已回到札幌，出機場的時間較易控制。

當然，如果將要搭乘的長途車程加起來，總車資比一張 JR PASS 更便宜，那麼就不用購買 JR PASS 了。有很多人認為前往日本遊玩就一定要購買 JR PASS，甚至為了盡量利用 JR PASS，將行程規劃為包含多趟長途車程，導致整個行程都乘坐電車，而每個地方遊玩卻只是走馬看花，如此一來就失去旅行的意義了。

日本的 JR PASS
＊圖片來自 JR 官方網站

使用 JR PASS 有什麼優點和缺點？

 事都有利也有弊，有些人前往日本旅行都會購買 JR PASS，但也有些人從來沒有購買過，可視 JR PASS 的優點和缺點，以及是否配合自己的行程決定！

優 點

方便易用
2020 年 6 月起，可以直接走自動改札口通過驗票機，部分地區仍維持人工改札口，通過時給票務人員看看車票就可以進站搭車。

一票搭到底
不用逐次購票，也不怕在人工售票處與櫃檯人員溝通，只要使用 JR PASS，就可以方便輕鬆地乘車。

在短時間內乘坐
多趟長途車程較划算
如果你的旅程中，有連續幾天搭乘長途電車，特別是特急，因為長途和特急的車資較高，分開購買並不便宜，而且因為 JR PASS 可以在指定天數內無限次乘坐，如此一來購買 JR PASS 絕對比分開購買單程票划算節省得多！

缺 點

有時間限制
購買了 JR PASS 後，起始日期和使用日期就不能變更。如果是購買連續使用的票券，必須連續使用。這對於部分行程來說並不適合，例如來往北海道的札幌、旭川、網走、釧路，如果購買了 JR PASS 的 5 日券，就必須在 5 天內來往 4 個地方，雖然在時程上是可行的，但如果真的要認真遊玩，5 天實在是走馬看花，所以並不適用 JR PASS。

有地域限制
每種 JR PASS 都有地域的限制，例如使用 KANSAI AREA PASS（關西地區鐵路周遊券），並不包括前往岡山的電車，前往岡山必須購買 KANSAI WIDE AREA PASS（關西廣域鐵路周遊券），所以在購票時，需要特別留意官網所列出的每一種 JR PASS 的使用範圍，觀察此範圍是否包括你想前往的地方。

JR PASS
台灣代理商

沒有在短時間內乘坐多趟長途車程就不划算

如果在短時間內，搭乘的長途車程不多，那麼使用 JR PASS 就不划算，很多時候會比購買單程票更貴。

乘坐某些車廂或列車時需要補價

JR PASS 並不包括坐部分列車或部分車廂（例如寢台列車，包含臥舖的列車），亦不包括乘坐指定席，例如使用 JR PASS 搭乘來往關西機場和京都的 HARUKA，可以乘坐自由席，但如果想乘坐指定席，就需要補回差價（見圖）。所以建議大家到官網查看每一種 JR PASS 的資料，看看想購買的車票是否需要補差價。

乘坐指定席需要補買特急券

乘坐普通席不用補差價

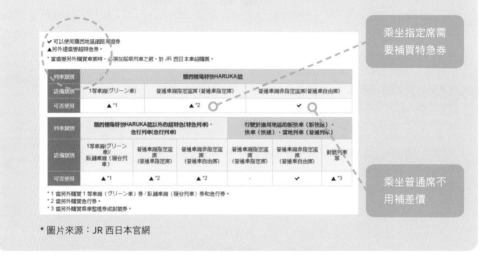

* 圖片來源：JR 西日本官網

什麼是回數券？
和 JR PASS 有什麼差別？

許多人認為，前往日本遊玩一定要購買 JR PASS，因為這是外國人的專利，不買真的虧大了！但事實並非如此，正如之前的章節中所提，JR PASS 並非每位旅客、每趟旅程都運用得到。而優惠券也有日期限制，並非每位旅客都適合使用。其實，在使用日本的大眾交通工具時，除了 JR PASS 和優惠票券之外，還有一種可以為乘客省錢的方法，那就是使用回數券！以下介紹什麼是回數券，以及它和 JR PASS 的差別。

回數券

回數券是指一次以較優惠的價格購入多張車票，以東京的地鐵為例，例如搭乘170日圓區間的地鐵，如果分開每次買票，每次要付170日圓，乘坐10次就要1700日圓。但如果購買回數券，則可以1700日圓，購買到11張（無星期和時間限制）、12張（限週一至五 10:00 ～ 16:00，週六日、假日及 12 月 30 日、31 日；1 月 2 日、3 日可使用）或14張（限週六日、假日及12月30日、31日；1月2日、3日可使用）的單程券，即是最低限度也能買10送1。

回數券在許多交通工具，如 JR、地鐵和巴士都有提供，可好好利用！

日本的回數券
* 圖片來源：東京地鐵官網

什麼時候適宜買回數券？

計算過 JR PASS 或優惠券不划算，但又會多次使用同一交通工具的遊客。例如不買東京地鐵一日券，但又會多次使用地鐵來往景點的遊客。

JR PASS VS 回數券

❶ 回數券有限次數，而 JR PASS 乘坐次數不限。
❷ 有些回數券也有時間限制，但比 JR PASS 時限較長。

還有其他優惠交通券嗎？ 什麼情形之下購買最划算？

為了讓遊客旅遊時更為便利及獲得更多優惠，日本許多地方都提供各類型的交通優惠券，例如京都巴士一日券、京福電鐵一日券、大阪地鐵一日券、東京地鐵三日券、廣島電車（或再加上乘船）、函館市電一日券等，總而言之，交通優惠券的種類五花八門，數之不盡。和 JR PASS 最大的不同之處在於，這些交通券都是以市內的交通工具為主，用作市內觀光最適合不過了！而且很多交通券都是可以任選日期使用，形式就像刮刮樂一樣，只要將欲使用的年、月、日刮去即可。

根據我的經驗，JR PASS 在很多情形之下其實並不划算，但這些交通優惠券卻是相當好用，所以幾乎每趟旅程都會購買，因為能省錢的機會達到 90% 以上。例如，以一次京阪神的旅程為例，如果其中一天規劃於京都市內遊玩，那麼搭乘巴士的次數便不少。例如從京都站搭乘巴士到清水寺，再從清水寺乘車到祇園，從祇園乘車到金閣寺，最後從金閣寺乘車回京都站，如此一來就包括了四趟巴士車程，每趟 230 日圓，四趟即是 920 日圓，但如果購買了京都巴士一日券，只需 700 日圓而已，就可以在一天內隨意搭乘巴士，即能節省 220 日圓，足夠購買一些美味的小吃了！

由這個例子可見，如果有一天的市內行程，而市內行程需要三趟或以上的巴士 / 市電移動，不妨去看看有沒有這方面的優惠券，如果想查詢京都巴士有沒有一日券，可以在 GOOGLE 輸入「京都巴士」（其他地方以此類推），接著進入「京都バス株式会社」官網，便能找到相關的交通券。將一日的車資加總起來，如果比交通券的票價多時，就可以購買交通券！既省錢又方便呢！

而在日本最熱門的旅遊地區，有哪些優惠票券呢？以下介紹一些遊客最常使用到，或是最能幫助遊客省錢的票券！

東京地區

東京地鐵一日券、二日券、三日券

* 圖片來源：東京地鐵官網

適用的遊客：在東京市內時常使用地鐵的遊客。

功能：可以自由選擇日期，在指定時間內無限次乘坐東京メトロ（東京 Metro）地鐵及都營地下鐵，涵蓋了多條遊客最常使用的路線，包括：東京 METRO 九條路線：銀座線、丸之內線、日比谷線、東西線、千代田線、有樂町線、半藏門線、南北線、副都心線。都營地下鐵四條路線：淺草線、三田線、新宿線、大江戶線。

票券類型及票價：以時間來計算，分為 24 小時（成人 800 日圓、兒童 400 日圓）、48 小時（成人 1200 日圓、兒童 600 日圓）及 72 小時（成人 1500 日圓、兒童 750 日圓）

購買地點：在成田（第一航廈及第二航廈）及羽田機場（二樓的國際觀光情報中心）可以購買。

使用方法：使用自動改札口，將票券放進剪票機即可。

注意事項：此票券只能乘坐地鐵，JR 及其他鐵路並不適用，使用範圍為東京市內，神奈川、埼玉、千葉等地區已超出此範圍，並不適用。

優點：以時間計算，可以任意選擇開始使用的日期。

缺點：因為以連續使用時間計算，只能選擇開始使用日期。

使用技巧：由於票券是連續使用，可以將乘坐地鐵最多趟的行程安排在幾天之內，例如購買 48 小時券，就將所有乘坐地鐵最多趟的行程安排在 48 小時內

官網

東京單軌電車及山手線優惠票（モノレール & 山手線內割引きっぷ）

適用的遊客：因為山手線是前往東京的遊客必用的東京市內 JR 路線，所以這種票券可以說是適合大多數到東京遊玩的人，尤其是以使用山手線為主的遊客。

功能：可以乘坐東京單軌全線及 JR 山手線。

票券類型及票價：購票當日有效，成人 500 日圓、兒童 250 日圓

購買地點：可以在羽田機場的第一航廈、第二航廈及國際線航廈站的自動售票機購買。

使用方法：使用自動改札口，將票券放進剪票機裡即可。

注意事項：此票券只能乘坐山手線，不包括其他 JR 線。

優點：由於山手線是遊客最常使用的東京市內 JR 路線，能使用到此票券的次數相對較高，所以也更划算。

缺點：東京有些地方是山手線不能到達的，需要轉乘地鐵。

使用技巧：可以山手線搭配東京的地鐵使用，如此一來就能輕鬆走遍東京市內多個區域了！

官網

N' EX TOKYO Round Trip Ticket

適用的遊客：從成田機場入境，希望能以最便捷、最舒適的方法到達市區的遊客。

功能：可以乘坐來往成田機場及市中心的 N' EX 鐵路。

票券類型及票價：購票當日起 14 天有效，成人 4070 日圓（來回）、兒童 2030 日圓

購買地點：可以在成田機場的第一航廈、第二航廈的 JR 東日本旅行服務中心購買，在 JR 的綠色窗口也可以購買。

使用方法：

去程：告知職員乘車日期、時間、車次及目的地。

回程：前往綠色窗口，先劃好位，如去程一樣，將乘車日期、時間、車次及目的地告訴職員。如果不會日文，可以將漢字寫在紙條上，日本的地方名稱多數都是漢字，對我們而言十分便利。

如果想前往新宿（去程 1/12，回程 5/12），就可以在紙條上寫上：

> 往：12:00 PM 1/12（成田空港➜新宿）
> 復：5:00 PM 5/12（新宿➜成田空港）

換好票後，使用自動改札口，將票放進剪票機裡就可以乘車了。
注意事項：此票券必須購買來回券，沒有單程方案。
優點：可以輕鬆來回成田機場及東京市中心，列車設備也很舒適。
缺點：只來往成田機場及東京市中心，使用羽田機場入境的遊客並不適用。
使用技巧：由於 N'EX 可以到達新宿和池袋，如果在這兩個地點住宿較為方便；
如果在其他 N'EX 沒有到達的地方住宿，則可以轉乘地鐵及山手線。

官網

箱根周遊券（箱根フリーパス）

適用的遊客：前往箱根地區遊玩的遊客。
功能：可以搭前往箱根地區的小田急電鐵來回兩趟（不包括浪漫特快號）及箱
根地區的所有交通工具（包括箱根地區的巴士、登山鐵路、登山纜車、海賊觀
光船），纜車及登山鐵路有次數限制，巴士則可以無限乘坐。
票券類型及票價：分為 2 日券（從新宿出發，成人 6100 日圓、兒童 1100 日圓）
及 3 日券（從新宿出發，成人 6500 日圓、兒童 1350 日圓）。
購買地點：可以在新宿站南口、小田急電鐵各車站自動售票機或服務台、成田
機場、箱根湯本等車站購買，也可在網路上如 JAPANICAN 的網站購買。
使用方法：利用人工改札口，將車票出示給職員查看。
注意事項：憑此票券可乘坐小田急電鐵來回新宿及箱根只限兩趟，並不可以無
限次乘坐。
優點：已涵蓋來往箱根地區內多個景點的交通，不必每次購票，並可以無限次
乘坐巴士，而且價錢也較優惠。
缺點：只能乘坐小田急電鐵從新宿前往小田原，並在小田原轉乘箱根登山線纜
車才能到達箱根湯本，乘坐浪漫特快號（可從新宿直接前往箱根湯本）時需要
補回差價。
使用技巧：可安排在箱根住宿兩天，遊玩時間較充裕，也可以將票券好好利用。

官網

關西地區

關西機場地鐵優惠車票（CHIKA TOKU）

適用的遊客：從關西國際機場前往大阪市中心，例如梅田、難波、心齋橋等地的遊客。

功能：包含了南海地鐵的關西機場線及大阪市的地鐵全線。

票券類型及票價：成人 1020 日圓、兒童 510 日圓

購買地點：可以在南海電鐵的關西機場站自動售票機及大阪地鐵各站的自動售票機購買。

使用方法：乘車當天有效，使用自動改札口，將票券放進剪票機即可。

使用範圍：Osaka Metro 各站～難波，南海電車：難波～關西機場，以上只限單程使用，且無法在中途下車，也不能在難波站以外的車站轉乘南海電車。

優點：此票券連接了機場及大阪市中心多個最熱門的住宿地區，例如難波、梅田、心齋橋等，十分方便。

缺點：如果從難波以外其他地區前往機場，必須在地鐵難波站出站，在南海難波站轉乘南海電鐵。

使用技巧：最好安排在難波、心齋橋及梅田等熱門地點住宿，如果安排在其他地區住宿，建議選擇難波所在的地鐵線上沿途各站，即千日前線及御堂筋線沿途各站。

官網

ICOCA 及 HARUKA 套票

適用的遊客：從關西國際機場前往新大阪及京都的遊客。

功能：票券包括來往關西機場的 HARUKA 車票，直接連接關西機場及天王寺、新大阪及京都，以及 ICOCA 儲值票，也可單獨購買 ICOCA 車票。

購買地點：可以在關西國際機場的 JR 綠色窗口購買，也可先在網路上預訂，購買時需出示護照。

使用方法：使用自動改札口，將票券放進剪票機裡即可。

注意事項：可以購買 HARUKA+ICOCA 套票，如果本身已持有 ICOCA，則可以憑 ICOCA 卡以優惠價格單獨購買 HARUKA 折扣券乘坐 HARUKA。除了 HARUKA，也可以使用此票券搭乘關空快速，但因此票券是來回或單程券，並非 PASS，不可以無限次乘坐。

優點：用此票券可直接從關西機場前往京都，不用轉車。而且票券有不同的組合方式，可買單程、來回，也可以去程是關西機場➡京都，回程是大阪➡關西機場。

官網

缺點：HARUKA 班次比起關空快速較少，需要注意時間的配合。

使用技巧：建議如果使用 HARUKA 前往京都，盡量安排在京都站附近住宿。

票券類型及票價：

使用地區	HARUKA 使用區間	ICOCA+HARUKA (ICOCA+HARUKA 折扣券)		HARUKA 折扣券 (僅限於持有 ICOCA)	
區分		單程	來回	單程	來回
大阪 （梅田·難波）	關西機場－天王寺	3,200 日圓	4,400 日圓	1,200 日圓*	2,400 日圓*
	關西機場－新大阪	3,600 日圓	5,200 日圓	1,600 日圓*	3,200 日圓*
京都 （嵯峨嵐山）	關西機場－京都	3,800 日圓	5,600 日圓	1,800 日圓*	3,600 日圓*
神戶 （三之宮·舞子）	關西機場－新大阪	3,700 日圓	5,400 日圓	1,700 日圓*	3,400 日圓*
奈良	關西機場－天王寺	3,600 日圓	5,200 日圓	1,600 日圓*	3,200 日圓*

★僅成人（12 歲以上）

大阪周遊卡

*圖片來源：
大阪周遊卡官網

官網

適用的遊客：主要在大阪市內景點遊玩的遊人。

功能：可自由搭乘大阪地鐵、大阪 City Bus 全線（部分路線除外）、主要大阪市區的阪急、阪神、京阪、近鐵和南海電鐵（只限一日券使用），不可以搭乘 JR，免費參觀一些景點，以及一部份景點入場享有折扣優惠。

票券類型及票價：2800 日圓（一日券）、3600 日圓（兩日券）。

購買地點：所有地鐵站站長室、大阪旅遊服務中心、難波旅遊服務中心、心齋橋（關西旅遊訊息服務中心、大丸心齋橋）、關西國際機場 T1（關西旅遊訊息服務中心）等。

使用方法：從開始使用日至最終入場時間，可免費使用範圍以內的交通工具及景點。

注意事項：❶ 不可從南海關西機場站開始使用。❷ 2 日券在同一設施 2 天內只可使用一次。
❸ 免費設施的使用時間為開始使用日的設施開放時間到最終入場時間；交通機構的使用時間為開始使用日的首班車至末班車（並非開始使用後 24 小時）。

優點：可免費坐最常用的交通工具，亦能免費參觀多個景點（詳情請參閱官網）。

缺點：並非所有交通工具都適用，例如不適用於 JR。

使用技巧：盡量挑選最貴入場券的景點，把它們排在同一天，盡量多安排景點，物盡其用。

京都巴士一日券（市バス・京都バス一日乘車券カード）

適用的遊客：在京都市內以巴士連接各景點的遊客。
功能：在購買後，選擇任何一天使用，可以乘坐京都市營巴士及京都巴士。
票券類型及票價：成人 700 日圓，兒童（6～12 歲）350 日圓。
購買地點：可以在京都站前自動售票機、京都市巴士·地下鐵服務處、市巴士營業所、地鐵車站窗口等購買，也可在巴士上向司機購買。
使用方法：下車時出示票券給司機查看。
注意事項：定期觀光巴士、京阪 city bus、京阪巴士及其他的民營巴士並不適用。需符合均一區間使用範圍，如果超出區間，例如從京都站前往高雄、大原、貴船、鞍馬等地區，需要補不足的車資。
優點：京都巴士已涵蓋京都市內多個景點，例如清水寺、祇園、金閣寺、京都車站等，只要一票在手，就可以盡情玩遍各個景點。
缺點：此票券只適用於均一區間範圍，如果超出區間，則需要補車資。此票券也不可用作乘坐定期觀光巴士、京阪 city bus、京阪巴士及其他的民營巴士。
使用技巧：可以在早上前往清水寺、祇園，下午往金閣寺，最後回京都車站，只要使用巴士三次以上，就賺到了。

大人用　　　　　　小兒用

* 圖片來源：
京都市交通局官網

官網

北海道地區

札幌市地鐵一日券

適用的遊客：在札幌市遊玩的遊客。
功能：可以在一天內無限次乘坐札幌市內地鐵。
票券類型及票價：成人 830 日圓、兒童 420 日圓。
購買地點：可以在地下鐵售票機和地鐵站事務室購買。
使用方法：使用自動改札口，將票券放進剪票機裡即可。
注意事項：購買此票券，只可以乘坐地鐵，並不包括市電及巴士。
優點：可以前往札幌的熱門景點，例如札幌站、大通公園、薄野、白之戀人公園等。
缺點：只能乘坐地鐵，如果前往的景點不在地鐵線上，並不適用。
使用技巧：可以在早上先前往白之戀人公園，中午回札幌站、大通公園一帶，晚上逛逛薄野，利用地鐵的次數愈多愈划算。

官網

函館市電一日券

適用的遊客：在函館市內遊玩的遊客。

功能：任選一天使用，在使用日當天，可以在一天內無限次乘坐函館市內電車。

票券類型及票價：成人 600 日圓、兒童 300 日圓。

購買地點：可在函館站門外廣場的市電服務處購買。

使用方法：將要使用當日的銀漆刮去，下車時向司機出示。

注意事項：購買此票券，只可以乘坐市電，並不包括巴士。

優點：可以前往函館的熱門景點，例如十字街站（金森倉庫、元町教堂群）、湯之川溫泉及五稜郭公園。

缺點：此票券並不包括巴士，所以不能乘坐前往函館山的登山巴士。

使用技巧：可以在早上前往湯之川，下午前往五稜郭，傍晚至晚上前往十字街，乘坐電車的次數達三次就賺到了。

官網

九州地區

福岡悠遊卡（FUKUOKA TOURIST CITY PASS）

適用的遊客：在福岡市內和太宰府遊玩的遊客。

功能：可以在一天內無限次乘坐福岡市內巴士、電車及地下鐵。

票券類型及票價：❶ 福岡市內：成人 1500 日圓、兒童 750 日圓。❷ 福岡市內＋太宰府：成人 1820 日圓、兒童 910 日圓。

購買地點：❶ 從智慧型手機應用程式「my route」內購入數位版福岡悠遊卡。❷ 在以下地點出示護照購買紙本版福岡悠遊卡：西鐵天神高速巴士中心、博多巴士總站、福岡機場巴士起終站、西鐵福岡（天神）站、博多港國際航站綜合服務處、博多站綜合服務處、天神觀光服務處、地鐵客服中心（月票販售處天神、博多）。

使用方法：乘坐巴士時向司機出示，乘坐地鐵時向票務員出示（在自動改札口無法使用）。

注意事項：購買時需要出示護照。

* 圖片來源：
福岡城市指南官網

優點：購買此票券，可以在福岡市多個景點享用優惠，詳見官網。

使用技巧：可將福岡市內的景點，例如福岡塔、福岡運河城、天神地下街等安排在同一天內。

官網

長崎電車一日券

適用的遊客：在長崎市內遊玩的遊客。

功能：可以在一天內無限次乘坐長崎市內巴士、電車及地下鐵。

票券類型及票價：成人 600 日圓、兒童 300 日圓。

購買地點：可以在長崎車站觀光服務處購買，更多購買地點可見官網。

使用方法：下車時向司機出示。

注意事項：電車上不會販售此券，請先在上車前購買。

優點：可以使用票券前往長崎的熱門景點，例如大浦天主堂、原爆落下中心地（松山町或浜口町）、稻佐山纜車（宝町）、眼鏡橋（公會堂前）等。

缺點：此票券只可以乘坐長崎市四條路面電車，並不包括其他交通工具。

使用技巧：可以在上午先往大浦天主堂一帶，下午到原爆落下中心一帶，晚上再前往稻佐山，盡情將票券好好利用。

官網

熊本市１日乘車券（わくわく１ｄａｙパス）

適用的遊客：在熊本市內遊玩的遊客。

功能：於開卡當日有效，可以在一天內無限乘坐所限區間內的熊本市電、熊本電鐵和巴士（區間範圍請參考官網）。

票券類型及票價：分為三種，第一區間 700 日圓、第二區間 900 日圓、熊本縣內 2000 日圓。

購買地點：可以在 JR 熊本站綜合服務處購買，如果是乘坐巴士，亦可上車向司機購買。

使用方法：下車時向司機出示。

注意事項：電車上不會販售此券，請先在上車前購買。

優點：可以按照自己的活動範圍，選擇覆蓋不同地區的票券

缺點：此票券有不同區間之分，購買時請特別注意。

使用技巧：因為此票券為一日券，較適合在市內遊玩，所以第一區間及第二區間較適合遊客。

官網

*圖片來源：熊本市交通局官網

中國地區（山陰山陽）

廣島市電一日券

適用的遊客：在廣島市內遊玩的遊客。

功能：可以任選一天，在一天內無限乘坐所限區間內的廣島市電（包括前往宮島口）。

票券類型及票價：一日乘車乘船券，成人900日圓、兒童450日圓；電車一日乘車券，成人700日圓、兒童350日圓。

購買地點：可以在廣島市電服務處（JR廣島站前）購買。除了可以在售票處購買之外，可在自動售票機購買優惠券。

使用方法：將要使用當日的銀漆刮去，下車時向司機出示。

注意事項：憑乘車券可以乘坐廣島市內電車，乘船券除市電外，也包括來往宮島口及宮島的松大汽船船票（並不能乘坐JR營運的船）。

優點：已涵蓋廣島的多個景點，例如原爆紀念館、宮島等。

缺點：憑此票券只能乘坐市電，不包括其他交通工具。

使用技巧：適合購買乘船乘車券，先安排半天到宮島遊玩，再前往原爆館等景點參觀。

官網

四國地區

伊予鐵道乘車券

適用的遊客：在松山市內遊玩的遊人。

功能：可以任選一天，在一天內無限乘坐所限區間內的松山市電（包括前往道後溫泉）。

票券類型及票價：1日通票，成人800日圓、兒童400日圓；2日通票，成人1100日圓、兒童550日圓；3日通票，成人1400日圓、兒童700日圓；4日通票，成人1700日圓、兒童850日圓。

購買地點：可以在松山市站、JR松山站、道後溫泉站的營業所購買。

使用方法：下車時向司機出示。

注意事項：憑乘車券可以乘坐松山市內電車，但若坐少爺電車，則需要補付300日圓的車費。

優點：已涵蓋松山的多個景點，如大街道、道後溫泉等等。

缺點：憑票券只能乘坐市電，不包括其他交通工具。

使用技巧：利用市電券從松山站或住宿的區域前往大街道站，購物和享用美食後，再坐市電到道後溫泉，然後從道後溫泉回到松山站，坐JR離開，或回到松山市內住宿的區域。

官網

琴電一日券

適用的遊客：在高松市及琴平市內遊玩的遊人。

功能：可以任選一天，在一天內無限乘坐所限區間內的琴電（包括前往琴平）。

票券類型及票價：成人 1230 日圓，兒童 620 日圓。

購買地點：可以在高松築港、片原町、瓦町等有人車站購買。

使用方法：出站時向車站工作人員出示。

注意事項：憑乘車券可以乘坐琴電，包括三條路線。

優點：已涵蓋高松的多個景點，如瓦町、粟林公園、玉藻公園、琴平金刀比羅宮等等。

缺點：憑票券只能乘坐琴電，並不可以坐其他火車或交通工具。

使用技巧：因為票價不便宜，較適合到較遠的地方，如琴平遊玩，在琴平遊玩完畢後再回到高松市內，繼續利用一日券遊覽景點，物盡其用。

官網

中部、北陸地區

名古屋一日乘車券

適用的遊客：在名古屋市內遊玩的遊人。

功能：可以任選一天，在一天內無限乘坐巴士及地鐵。

票券類型及票價：地鐵及巴士一日券成人 870 日圓、兒童 430 日圓；也可選擇單純地鐵的票券，成人 760 日圓、兒童 380 日圓。

購買地點：可以在觀光諮詢處，地鐵站的售票機、站長室及巴士辦公室等購買。

使用方法：坐巴士時下車向車長展示，坐地鐵時刷卡通過。

注意事項：此票券只能乘坐名古屋市營巴士。

優點：可以坐名古屋地鐵前往市內多個景點，如名古屋城、榮、TOYOTA 產業技術紀念館等。

缺點：憑票券只能乘坐名古屋市內交通，不能乘坐前往周邊城市。

使用技巧：把多個名古屋市內景點安排在同一天，一次遊遍名古屋城、榮、TOYOTA 產業技術紀念館等多個景點。

* 圖片來源：
名古屋交通局官網

官網

金沢市内１日フリー乗車券

適用的遊客：在金澤市內遊玩的遊人。

功能：可以任選一天，在一天內無限乘坐金澤市內的巴士。

票券類型及票價：成人 600 日圓、兒童 300 日圓。

購買地點：可以在 JR 金澤站東口交通案內所及各北鐵巴士案內所購買。

使用方法：坐巴士時下車向車長展示。

注意事項：此票券只能乘坐金澤市內巴士。

優點：可以坐金澤市內巴士前往市內多個景點，如東茶屋街（橋場町站下車）、兼六園（兼六園站下車）、近江町市場、香林坊等。也可以享有多個設施的票價折扣。

缺點：憑票券只能乘坐金澤市內交通，不能前往周邊城市。

使用技巧：把多個金澤市內景點安排在同一天，一次遊遍東茶屋街（橋場町站下車）、兼六園（兼六園站 下車）、近江町市場、香林坊等多個景點。

官網

東北地區

The Sendai Area Pass & Sendai Marugoto Pass

適用的遊客：會在仙台市內遊玩的遊人。

使用範圍：仙台、松島、松島海岸、山寺、白石站區間的 JR 線；仙台機場聯絡線全線；Loople 仙台、仙台市營巴士、仙台市地鐵全線（不含樂天接駁車）；宮城交通的仙台站～秋保大瀧瀑布線路線；阿武隈急行的槻木～阿武隈站區間。

票券類型及票價：一日券 The Sendai Area Pass，成人 1320 日圓、兒童 660 日圓；二日券 Sendai Marugoto Pass，成人 2720 日圓、兒童 1350 日圓。

購買地點：仙台站及仙台空港（購買時需出示護照）。

使用技巧：把仙台景點需要使用的大眾交通盡量排在兩天內。

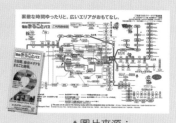

* 圖片來源：
MARUGOTO PASS 官網

官網

有什麼類型的儲值卡？
如何購買和使用？

除了交通優惠券之外，在日本搭乘大眾交通工具，還可以使用儲值卡（就像台灣的悠遊卡）。使用儲值卡乘車的最大好處是不用每次購票和準備零錢，而且在部分情況下，使用儲值卡乘車還會得到一些折扣優惠呢！所以這些儲值卡都是旅行的好幫手！在日本不同地區販售不同的儲值卡，例如關東一帶的 SUICA、關西的 ICOCA、九州的 SUGOKA 等。基本上，現在日本各儲值卡都已全國通用，一張儲值卡在手，可以在全國各地乘坐 JR，例如使用 SUICA 在關西乘坐 JR 也沒問題，只是一些大眾交通工具，例如廣島的電車，還是需要使用 ICOCA 搭乘。

在各大機場和大型車站均設有儲值卡售票機能購買儲值卡；有些儲值卡也可以優惠價格和另一些交通票券一起購買，例如關西的 ICOCA，可以和 HARUKA 列車的優惠車票一起購買。

使用儲值卡時非常簡單，在乘坐電車時只要使用自動改札口，在驗票機刷一下卡就可以，如果儲值卡裡的錢不夠，可以使用精算機補票，或請人工通道的工作人員幫忙補票。乘坐巴士時，上車和下車都刷一下卡即可，非常方便！以下是在日本主要地區所使用的儲值卡：

SUICA（關東及東京地區）

特色
又稱為「西瓜卡」，不僅可以使用於乘車，還可以用於購物，可說是非常方便！分為定期券、記名式及不記名式三種，在自動售票機購買到的是不記名式。

使用範圍
❶ 基本範圍包括 JR 東日本鐵道及其相關公司經營的交通公司，詳見官網。
❷ 可以在全國使用。

儲值
最少 1000 日圓，每次可儲值 1000、2000、3000、4000、5000、10000 日圓，卡片內最多可有 20000 日圓儲值。

儲值地方
各大便利店、地鐵站加值機、JR 站內加值機等均可儲值。

購買地點
關東地區 JR 站售票機、JR 綠色窗口（售票處）均可。

售價

1000 日圓、2000 日圓、3000 日圓、4000 日圓、5000 日圓、10000 日圓。

退卡地點

JR 綠色窗口，退卡時在紙條上寫上「払いもどし（即退還之意）」，再拿給職員看即可。

官網

SUICA 儲值卡

* 圖片來源：JR 東日本官網

ICOCA（關西及山陰山陽一帶，即大阪、京都、神戶等）

特色

和 SUICA 一樣，不僅可以使用於乘車，還可以用於購物。分為 ICOCA 及定期券，而 ICOCA 又分為 ICOCA、小孩 ICOCA（售價是成人 ICOCA 的一半，要前往綠色窗口用護照及填表購買，不可在售票機購買）及 SMART ICOCA，旅客使用的為不記名的 ICOCA，可以用作乘坐火車、電車、巴士，用途非常廣泛！

使用範圍

❶ 基本範圍包括 JR 西日本的大部分路線。
❷ 可以在全國使用。

售價

2000 日圓，1500 日圓為儲值金，500 日圓為押金。

儲值

最少 1000 日圓，每次可儲值 1000、2000、3000、4000、5000、10000 日圓，卡片內最多可有 20000 日圓儲值。

儲值地方

各大便利店、地鐵站加值機、JR 站內加值機等均可儲值。

購買地點

關西地區 JR 站售票機、JR 綠色窗口（售票處）均可。

退卡地點

JR 綠色窗口，退卡時在紙條上寫上「払いもどし（即退還之意）」，再拿給職員看即可。

官網

ICOCA 儲值卡

* 圖片來源：JR 西日本官網

SUGOCA（九州地區）

特色

和 SUICA、ICOCA 一樣，不僅可以使用於乘車，還能用於購物。分為 SUGOCA 及定期券，而 SUGOCA 又分為 SUGOCA 及小孩用的 SUGOCA（售價是成人 SUGOCA 的一半，要前往綠色窗口用護照及填表購買，不可在售票機購買），旅客使用的為不記名的 SUGOCA，可以用作乘坐火車、電車、巴士，用途非常廣泛！

使用範圍

❶ 基本範圍包括 JR 九州的部分路線。
❷ 延伸範圍包括日本的 10 大 IC 卡（包括 SUICA、PASMO、ICOCA）可以使用的地方。

售價

2000 日圓，1500 日圓為儲值金，500 日圓為押金。

儲值

最少 1000 日圓（其中 500 日圓為押金），每次可儲值 1000、2000、3000、4000、5000、10000 日圓，卡片內最多可有 20000 日圓儲值。

儲值地方

各大便利店、地鐵站加值機、JR 站內加值機等均可儲值。

購買地點

九州地區 JR 站售票機、JR 綠色窗口（售票處）均可。

退卡地點

JR 綠色窗口，退卡時在紙條上寫上「払いもどし（即退還之意）」，再拿給職員看即可。

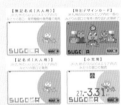

SUGOCA 儲值卡
* 圖片來源：JR 九州官網

官網

如何查詢連接各種交通工具的方式？

JR 或是私鐵的官方網站只能讓我們查詢如何乘坐電車，但在日本旅遊，並不是所有景點都可以搭乘電車到達，如果想玩得順暢，還需要將各種交通工具連結起來。以電車來往城市之間，再以市內交通工具作市內移動。

YAHOO 轉車資訊

　　大家或許有個疑問：我如何才能知道來往於想去的景點之間，應該使用電車，還是巴士、地鐵、市電？以下分享一個很好用的網站，可以在此網站裡輕鬆查詢到應該使用什麼交通工具。這個網站包含了整個日本的交通查詢，而且操作十分簡單！我每次前往日本旅行都會使用它，在規劃行程上相當有幫助，這個網站就是 YAHOO 推出的日本交通檢索網站。

STEP 1 進入日本交通檢索網站

　　首先會進入以下頁面，可輸入出發地、目的地，還可以出發時間、到達時間、首班車或末班車進行搜尋。

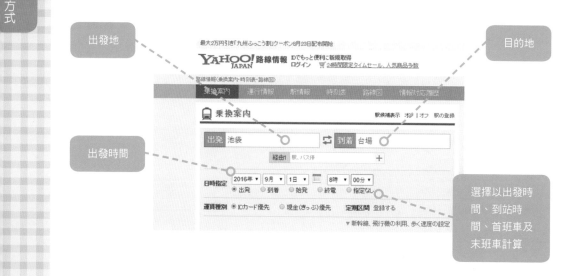

出發地

目的地

出發時間

選擇以出發時間、到站時間、首班車及末班車計算

　搜尋後顯示出各種方案，選擇方案時，我通常會以轉車次數為優先，價格和車程則為次要考量。如圖中所見，第一和第二方案都只需要轉車一次，第三方案雖然便宜一點，但要換兩次車，不太方便。而第一方案的車程既短 2 分鐘，又比第二方案便宜，那當然是選第一方案囉！再詳細瀏覽方案的內容，先從池袋搭乘 JR，到達東京テレポート後徒步前往お台場海浜公園，再搭乘百合海鷗號前往台場。

坐車及到達時間，所需車程時間

轉車次數

乘坐 JR 京埼線，開往新木場方向的電車

乘坐開往豐洲方向的私鐵百合海鷗號

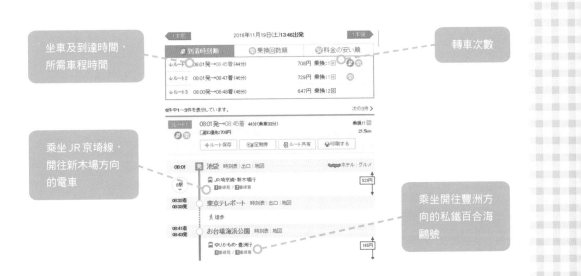

STEP 3　可搜尋使用的交通工具

　再舉另一個例子，如果我要從函館站前往十字街，但不知道使用什麼交通工具時，也可以利用這個網站搜尋。如圖中所見，從函館站前往十字街，需要乘坐函館市電 2 號系統，前往谷地頭方向的車。

　使用此網站，一點也不困難，只要輸入出發地和目的地，就能查詢到所有大眾交通工具，包括 JR、私鐵、地鐵、市電和巴士的連接，範圍覆蓋全日本，對遊客而言真的很有幫助呢！

如何看懂日本超複雜的交通地圖？

相信看過日本交通地圖的人都會知道，日本的交通工具種類繁多，JR、地鐵再加上私鐵，真的令人眼花撩亂！我一開始也被嚇到呢！可是後來發現，其實只要找到自己要搭乘的交通工具，根本不用參考那麼複雜的交通地圖。以下向大家分享如何化繁為簡，以最簡單快速的方法，找出自己要乘坐的交通工具的地圖吧！

YAHOO
轉車資訊

例子 1：從池袋站前往淺草站

STEP 1　進入轉乘查詢網站，輸入出發地、目的地後搜尋

首先，不需要參考那些複雜到極點的交通圖，而是利用 YAHOO 的轉乘查詢，查詢從出發地到目的地，需要搭乘什麼交通工具和路線。圖中示範輸入從池袋前往田原町。

STEP 2　得知需使用的交通工具和線路

如圖中所見，需要搭乘兩種交通工具，一種是山手線外回（上野，東京方向），在上野下車，再轉地鐵銀座線（淺草方向）前往田原町。

之後，可以再利用 GOOGLE IMAGE，輸入關鍵字「山手線路線圖」後搜尋，會出現很多圖片，只要找其中一張參考。如圖所見，從池袋前往上野共需要乘坐八個站，如此一來也可以得知大約在到達鶯谷時便要準備下車了。

GOOGLE
IMAGE

接著，在 GOOGLE IMAGE，輸入「東京銀座線」。如圖所見，我們在上野上車，只要乘坐兩個站就會到達田原町。

東京地下鐵銀座線

G	G 01	G 02	G 03	G 04	G 05	G 06	G 07	G 08	G 09	G 10	G 11	G 12	G 13	G 14	G 15	G 16	G 17	G 18	G 19
	渋谷 Shibuya	表参道 Omotesando	外苑前 Gaiemmae	青山一丁目 Aoyama-itchōme	赤坂見附 Akasaka-mitsuke	溜池山王 Tameike-sanno	虎ノ門 Toranomon	新橋 Shimbashi	銀座 Ginza	京橋 Kyobashi	日本橋 Nihombashi	三越前 Mitsukoshimae	神田 Kanda	末広町 Suehirocho	上野広小路 Ueno-hirokoji	上野 Ueno	稲荷町 Inaricho	田原町 Tawaramachi	浅草 Asakusa

---

STEP 1 查詢需使用的交通工具和線路

首先，使用上述同樣方法，找出需要使用到的交通工具和線路。如圖中所見，需要搭乘 JR 京都線（高槻方向）前往新大阪，接著再搭乘 JR 新幹線のぞみ（廣島方向）前往岡山。

STEP 2 利用 GOOGE IMAGE 搜尋路線圖

接著，在 GOOGE IMAGE 裡輸入關鍵字「JR 京都線路線圖」搜尋。如圖所見，從大阪前往新大阪站，只需要乘坐一個站而已，新快速、快速和普通車都會停靠新大阪站，所以基本上什麼車都可以搭乘。

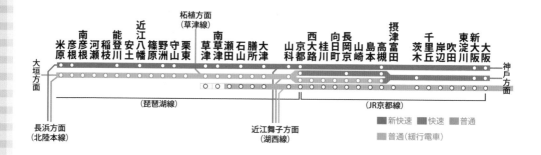

之後，一樣使用 GOOGE IMAGE，查詢 JR 新幹線のぞみ的路線圖。如圖所見，從新大阪前往岡山，需要乘坐 5 個站，在相生站後的一個站就需要下車了。

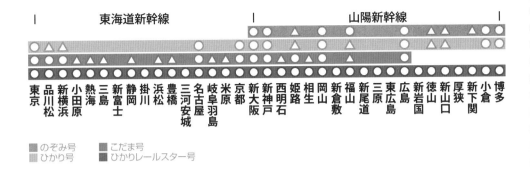

	東海道新幹線												山陽新幹線																	
東京	品川	新横浜	小田原	熱海	三島	新富士	静岡	掛川	浜松	豊橋	三河安城	名古屋	岐阜羽島	米原	京都	新大阪	新神戸	西明石	姫路	相生	岡山	新倉敷	福山	新尾道	三原	東広島	広島	新岩国	徳山	新山口	厚狭	新下関	小倉	博多

■ のぞみ号　■ こだま号
■ ひかり号　■ ひかりレールスター号

利用這個方法，只需要瀏覽自己要乘坐的線路表，至於其他不會使用到的線路表一律不看，如此一來就解決了要看複雜路線圖的問題！

我應該選擇什麼交通工具最適合？

 本有這麼多交通工具，只要巧妙搭配，就可以隨心所欲前往任何地方了！不過，應該如何搭配、如何選擇呢？

電 車

快速、新快速和特急可以用作連接市內和市郊，或是另一個縣的景點，較遠的地方，例如東京和大阪，則是乘坐新幹線。以下以四個行程為例，介紹如何安排交通工具：

A. JR 大阪站→白浜千疊敷
（和歌山縣內）

需要先從 JR 大阪站搭乘前往 JR 白浜站（中間經天王寺轉車）。

B. JR 新大阪站→宮島
（廣島市郊）

需要從 JR 新大阪站搭乘新幹線火車到 JR 廣島站（直接到達）。

C. JR 札幌站→五稜郭公園
（函館市內）

需從 JR 札幌站搭乘特急電車到 JR 函館站。

D. 近鐵奈良站→淀屋橋
（大阪市內）

需要在近鐵奈良站搭乘近鐵到難波站。

巴士、市電和地鐵

主要是來往市內各個景點。以下以四個行程為例，介紹如何安排交通工具：

A. JR 大阪站➡白浜千疊敷
（和歌山縣內）

在 JR 白浜站下車後，搭巴士前往千疊敷。

B. JR 新大阪站➡宮島
（廣島市郊）

需要從 JR 廣島站搭乘市電宮島口（也可以搭乘 JR，但價格較貴）。

C. JR 札幌站➡五稜郭公園
（函館市內）

需要從 JR 函館站搭乘市電到五稜郭公園。

D. 近鐵奈良站➡淀屋橋
（大阪市內）

在近鐵難波站搭地鐵御堂筋線，前往淀屋橋站。

船

如果是要前往小島，那就一定要坐船。以下以一行程為例，介紹如何安排交通工具：

JR 新大阪站➡宮島
（廣島市郊）

需要從宮島口站（市電或 JR 站）搭船前往宮島。

總括而言，要來往兩個地方，必須先清楚這兩個地方的性質，例如札幌是大城市，設有 JR 站，但五稜郭公園只是城市裡的一個景點，沒有 JR 站，只有市電電車站，所以在安排交通工具時，就先要以電車連接兩大城市：札幌和函館，到達後再以市電連接市內交通。又例如，奈良附近有近鐵站，而淀屋橋是地鐵站，那麼可以先從奈良搭乘近鐵到難波，再從難波轉乘地鐵往淀屋橋。

日本交通工具五花八門，要掌握並不容易，但只要清楚自己要前往什麼地方，並依據各種交通工具的特點和性質，互相搭配使用，旅程就可以順暢無虞了！

轉乘不同交通工具時，
需要注意什麼？

在日本旅行時，很多時候都需要轉乘，例如從國鐵 JR 轉乘私鐵，或是搭乘地鐵、市電、巴士、船等，轉乘交通工具時請注意以下兩點：

1. 轉乘的地點是否在同一座建築物內

在日本的一些大站，例如新宿、池袋、博多（即福岡）、札幌等，車站本身就是一座巨大規模的交通大樓，國鐵、私鐵、地鐵的轉換，都不需要步出建築物，只需要出了驗票機後，按照車站裡的指示牌找到轉乘的位置即可。但如果是市電、巴士、船等，乘坐的地方就會不同，例如廣島和函館的市電電車站都是在車站建築物外，札幌的巴士站在札幌站地下，博多的巴士站在博多站外面等。

2. 預留足夠的時間轉乘交通工具

如果是電車轉乘市內巴士、地鐵或市電，問題並不大，因為班次很密集，但如果是搭船、長途巴士，又或是在北海道地區等大眾交通工具較少的地方時，請務必留意兩種交通工具的班次是否能夠接駁：

要從一輛 JR 轉乘另一輛 JR：需要轉換月台，中間起碼預留 5 ～ 10 分鐘的時間。
要從 JR 轉乘私鐵：需要預留通過驗票機及找尋私鐵入站口位置的時間，起碼 20 分鐘或以上。
要搭乘電車到碼頭乘船：要留意船班時間和車班時間是否能夠接駁，以及先查好碼頭和車站的距離，中間也要預留步行時間，起碼 20 ～ 30 分鐘最為安全。

1 留意站內的標示，會告訴乘客應該在哪裡轉乘其他交通工具，只要跟著指示走就可以了 **2** 廣島市電的車站在廣島 JR 站外面 **3** 如果要前往宮島，在 JR 宮島口出站後，再步行約 5 分鐘到達碼頭

如果使用大眾交通工具，
行程規劃時需要注意什麼？

 果使用大眾交通工具旅行，有兩點需要注意：

❶ 移動行李及換飯店的次數愈少愈好　❷ 必須選擇交通便利的地方作為中心點

因為自駕旅行有車代步，即使每晚換飯店住宿也不是問題，所以以順時針或逆時針規劃方式較為適合，但如果是使用大眾交通工具，較建議採用放射性的玩法，即是選取交通最方便的大城市作為中心，在該處住宿，再採用即日來回的方法，到該城市的周邊地區遊玩。以下分別以一個、兩個及三個中心點為例，分享如何規劃行程。

短途旅行（4～5 天）

東京 5 天之旅

中心點城市：東京
周邊地區：箱根、橫濱

以東京為中心，可以如此規劃（如圖）：
第一天──出發
第二天──箱根（搭乘小田急前往）
第三天──橫濱（搭乘 JR 或地鐵前往）
第四天──東京市內（例如淺草寺雷門、迪士尼樂園、原宿、銀座、池袋等，利用 JR、地鐵、巴士移動）
第五天──回國

在這個行程裡，住宿地是東京，可以考慮在交通最方便的新宿住宿。第二天從新宿搭乘小田急電鐵前往箱根，即日來回。第三天從新宿搭乘 JR 或地鐵前往橫濱，玩完一天後在傍晚回到新宿。第四天則在東京市內，以 JR（例如最常使用的山手線）、地鐵或巴士移動。在回程當天，如果有時間還可以在新宿逛逛才離開。這樣的安排，只需要住一間飯店，免除了移動行李之苦，而且也能節省不少時間，行程涵蓋了東京市內、橫濱市及市郊的箱根，十分豐富。

中途旅行（6～9天）

京阪神 8 天之旅

中心點城市：大阪、京都
大阪周邊：神戶、奈良
京都周邊：嵐山、嵯峨野、宇治、伏
見稻荷、奈良

以大阪和京都為中心，可以如此規劃（如圖）：

第一天——搭乘 HARUKA 火車前往京
都
第二天——伏見、宇治、奈良（因宇
治和伏見都在 JR 奈良線上，將這三個
地方排在一起較為適合）
第三天——嵐山及嵯峨野（搭乘 JR
或京福電鐵前往）
第四天——京都市內（例如清水寺、
祇園、河原町、金閣寺等，以市內巴
士或地鐵移動）
第五天——早上從京都搭乘 JR 到大
阪，下午於大阪市內遊玩（例如道頓
堀、心齋橋、黑門市場、大阪城公園
等，以 JR、巴士或地鐵移動）
第六天——神戶（以 JR 或阪神移動）
第七天——大阪市內（環球影城，搭
乘 JR）
第八天——回國

在這個行程裡，選取了兩個城市作為中心住宿點：京都和大阪。首先以京都為中心，建議住在京都車站一帶（我通常會住在火車站附近，因為火車站一定是交通樞紐，集合了各種的交通工具，最為方便）。第二天以 JR 出發前往伏見、宇治、奈良等較遠的地區，即日來回。第三天可以搭乘 JR 或京福電鐵前往嵐山一帶，傍晚回京都車站。第四天則以巴士或地鐵在京都市內活動。第五天換飯店，到大阪住宿，同樣是選擇交通方便的 JR 大阪站，到飯店放好行李後，利用下午到大阪市內遊玩。第六天到神戶作一天即日回旅行，第七天可以一整天安排在環球影城遊玩，第八天回國。八天的行程只換了兩次飯店，玩遍了京都和大阪的市中心和市郊，更包括了神戶，非常多姿多彩！

長途旅行（10 天或以上）

北海道 12 天之旅

中心點城市：札幌、旭川、網走
札幌周邊：小樽、登別
旭川周邊：富良野、美瑛、層雲峽
網走周邊：知床、道東三湖

以札幌、旭川和網走為中心，
可以如此規劃（如圖）：

第一天──搭乘 JR 從新千歲機場前往旭川
第二天──層雲峽（搭乘巴士）
第三天──旭山動物園（搭乘巴士）
第四天──富良野（搭乘 JR）
第五天──美瑛（搭乘 JR）
第六天──早上搭乘 JR 前往網走，
下午網走市內
第七天──知床（搭乘巴士）
第八天──道東三湖（搭乘巴士）
第九天──從網走搭乘 JR 回札幌
第十天──小樽及札幌市內（搭乘 JR 及地鐵）
第十一天──登別（搭乘 JR）
第十二天──回國

這個行程較長，景點橫跨也較大，因此選取了三個中心住宿點：札幌、旭川和網走，並採取由遠至近的玩法（即先玩最遠的景點，最後回到札幌）。強烈建議採取由遠至近的玩法，因為這是最安全的，要在札幌搭乘飛機，最適合在前一兩天已回到札幌，如此一來會較有保障，否則如果發生什麼突發事件導致趕不上飛機，那就麻煩了！

在這個行程裡，於新千歲機場下飛機後，隨即前往旭川，並以旭川為中心，遊玩旭川附近的景點：層雲峽、旭山動物園、富良野和美瑛，每個景點都是即日來回，即是在傍晚會回到旭川住宿。到了第六天換飯店，因為接下幾天玩的是道東一帶，所以選擇了道東的大城市：網走作為中心，再到網走附近的知床、道東三湖遊玩。最後，回到札幌，遊玩札幌市內的景點，再以札幌為中心，延伸至小樽及登別，同樣是即日來回。如此一來，行程就可涵蓋三大區域：道央、道北及道東，而換飯店的次數只有三次而已。

總括而言，要以由遠至近，放射性方式規劃行程並不難，只要按照以上步驟安排即可，不論是使用大眾交通工具還是自駕，都一樣可以規劃出順路易走的行程！

Chapter 5
餐 飲

~~~~~~~~~

日本有什麼美食？

日本有什麼類型的餐廳？

我不會日語，如何才能輕鬆點餐？

我的預算有限，有推薦什麼便宜的餐廳嗎？

日本人有什麼餐桌禮儀？

日本有什麼美食？

日本是世界著名的漁場，來到這裡不品嘗海鮮，實在太對不起自己了！除了海鮮之外，由於北海道地區氣候怡人，土壤肥沃，蔬果也十分著名！在飲食文化上，日本人都愛吃以鮮味為主的美食，部分日本美食如餃子、天婦羅等和中式料理也有些相似，而且主食都以米飯和麵條為主，所以對於台灣旅客而言都較容易習慣。基本上，日本料理的味道都偏向調味較少，而炸物和天婦羅也不太油膩，可說是十分健康。以下介紹到日本必吃的美食！

海鮮類

日本的魚獲豐富，魚類種類五花八門，許多都是我們較少見的，遊客較熟悉的海鮮類有鮭魚、鮪魚、海膽、北寄貝、凡立貝、牡丹蝦、甜蝦、干貝、蟹（鱈場蟹、花蟹、松葉蟹）等。海鮮可以製成各式美食，最常見的有壽司、生魚片、海鮮丼、爐端燒等。如果想品嘗美味的海鮮，最適合的地方是在沿海地區或城市，例如在北海道的函館、積丹半島、知床、禮文島、稚內、小樽，關西的勝浦，東京的豐州市場等，都能吃到又肥美又豐盛，賣相極好的海鮮，令人食指大動。

蔬果類

日本的蔬果也非常優質，尤其是北海道地區，只要是標明「道產」的蔬果，就絕對是優質的保證，例如富良野及夕張的哈蜜瓜、美瑛的男爵馬鈴薯和玉米、十勝的紅豆、廣島的檸檬、鳥取的二十世紀梨、岡山的白桃等。日本人喜歡以蔬菜製成咖哩，其中以札幌的湯咖哩最有特色。在很多地方如富良野、岡山等都有水果任摘放題（無限採摘水果體驗），絕對值得一試！另外，在日本料理中也會將蔬菜炸成炸物，即是大家常吃到的天婦羅。

飯類

丼即是盛在大碗公裡的米飯，日本料理中有很多特色的丼飯，例如炸豬排飯、牛丼和天丼（炸蝦飯）、豚丼（即豬肉飯，以帶廣的最著名）、親子丼（即雞肉蛋飯）、咖哩飯等（因為日本人不太吃辣，咖哩飯以甜味為主，口味不太辛辣），也當然少不了賣相滿分，鮮美可口的海鮮丼了！除了丼之外，日本料理中也會以生魚片配合用手捏成的飯糰一起食用，即是大家都很熟悉的壽司。

麵 類

到日本品嚐美食，當然少不了日本聞名的國民美食——拉麵！日本有很多 著名的拉麵，例如北海道的三大拉麵：札幌味噌麵、旭川醬油拉麵及函館的鹽味拉麵，或是九州博多的豚骨拉麵都很著名，如果想使用另一種方式品嚐，可以選擇沾麵（即麵與湯分開盛著，將麵條沾上湯汁食用，廣島便以沾麵聞名），如果想吃清淡一點，則可以選擇蕎麥麵和烏龍麵（烏冬）。

燒餅類

日本的燒餅和我們平常吃的燒餅有點不同，主要將肉類、蔬菜、芽菜，或一些配 料如起司、海苔等，加在麵粉漿裡，再以鐵板煎好，燒餅類三大最具代表性名物包括了大阪的大阪燒（お好み燒き）、廣島的廣島燒（お好み燒き）及關東地區的文字燒（お好み燒き）。

小吃類

日本人都很喜歡小吃，例如章魚燒、各式串燒、煎 餃、炸物、關東煮等，可以在居酒屋或屋台（即街道上的小攤）買到。

甜品類

日本的飲食文化深受西方影響，甜品分為洋式及和 式兩大類，各式的聖代（例如京都的抹茶聖代、岡山的白桃聖代）、蛋糕（例如神戶及札幌的各式蛋糕、長崎的蜂蜜蛋糕）、布丁（例如北海道地區的牛奶布丁）、紅豆湯、冰淇淋（有各式特別口味，例如富良野的薰衣草口味、哈蜜瓜口味；岡山的白桃口味、鳥取的二十世紀梨口味、關西一帶的抹茶口味），還有漂亮得令人捨不得吃的和菓子（即和式糖果）和京菓子（即京都的菓子）！不怕胖的人就去挑戰吧！

以下介紹一些我最推薦的餐廳及其招牌美食！

東京地區

麵創房無敵家

📍 東京都豐島區南池袋 1-17-1 崎本ビル 1F 📞 033-982-7656
🕐 10：30 〜凌晨 04：00 🈳 無 👍 拉麵 💴 〜 1000 日圓

 網頁 地圖

うなぎ色川

📍 東京都台東區雷門 2-6-11 📞 033-844-1187 🕐 11：30 〜
14：00 🈳 週日、節日等不定期休 👍 鰻魚飯 💴 2000 〜
3000 日圓

 網頁 地圖

三定

📍 東京都台東區淺草 1-2-2 📞 033-841-3200、033-841-3400
🕐 11：00 〜 20：30 (L.O.20：00) 🈳 無 👍 天婦羅 💴
1000 〜 2000 日圓

 網頁 地圖

EGGS'N THINGS

📍 東京都澀谷區神宮前 4-30-2 📞 035-775-5735 🕐 8：
00 〜 22：30 (L.O.21：30) 🈳 不定期休 👍 鬆餅及薄餅 💴
1000 〜 2000 元

 網頁 地圖

魚河岸鮨文

📍東京都江東區豐洲市 6-5-1 水產仲卸賣場棟 3 階 -2 📞 036-
633-0300 🕐 6：30 〜 14：00 🈳 週日、節日等不定期休 👍
壽司 💴 3000 〜 4000 日圓

 網頁 地圖

CAFE CREPE

📍 東京都澀谷區神宮前 1-11-6 ラフォーレ原宿 1 階 📞 033-
497-0030 🕐 11：00 〜 20：00 🈳 無 👍 可麗餅 💴 〜 1000
日圓

 網頁 地圖

東京地區

さとう

📍 東京都武蔵野市吉祥寺本町 1 丁目 1-8　📞 042-222-3130
🕐 10：00 ～ 19：00　🈺 新年　👍 和牛　💴 午餐 2000 ～ 3000
日圓、晚餐 15000 ～ 20000 日圓

 網頁　 地圖

大和寿司

📍 東京都江東區豊洲 6 丁目 3-2　📞 03-6633-0220　🕐 6：
00 ～ 13：00　🈺 週日、節日等不定期休　👍 壽司　💴 3000 ～
4000 日圓

 網頁　 地圖

鳥つね自然洞

📍 東京都千代田區外神田 5-5-2　📞 035-818-3566　🕐 午餐：
11：30 ～ 14：00、晚餐：17：30 ～ 22：00　🈺 週日、節日
👍 親子丼　💴 午餐 1000 ～ 2000 日圓、晚餐 8000 ～ 10000
日圓

 網頁　 地圖

關西地區

美津の

📍 大阪府大阪市中央區道頓堀 1-4-15　📞 066-212-6360　🕐
11：00 ～ 22：00　🈺 無　👍 大阪燒　💴 午餐 1000 ～ 2000
日圓、晚餐 2000 ～ 3000 日圓

 網頁　 地圖

志津香

📍 奈良縣奈良市登大路町 59-11　📞 074-227-8030　🕐 11：
00 ～ 15：00，週六日至 16：00　🈺 週二、每月一次不定期
休　👍 七種釜飯　💴 1000 ～ 2000 日圓

 網頁　 地圖

祇園小石

📍 京都府京都市東山區祇園町北側 286-2　📞 075-531-
0331　🕐 10：30 ～ 17：00　🈺 週二、週四　👍 黑糖聖代　💴
1000 ～ 2000 日圓

 網頁　 地圖

本家大たこ

📍 大阪府大阪市中央區道頓堀 1-4-16　📞 066-211-5223　🕐
10：00～23：00　㊡ 無　👍 章魚燒　💰～ 1000 日圓

 網頁　 地圖

南禅寺順正

📍 京都府京都市左京區南禅寺草川町 60　📞 075-761-2311　🕐
11：00～21：30　㊡ 不定期休　👍 湯豆腐、京會席　💰 3000～
4000 日圓

 網頁　 地圖

黑門三平

📍 大阪市中央區日本橋 1-22-25（黑門市場內）📞 066-634-
2611　🕐 週一～五 9：00～19：00；週日・節日 9：00～
18：30　㊡ 盂蘭盆節、新年　👍 海鮮　💰 午餐 1000～2000
日圓、晚餐 5000～6000 日圓

 網頁　 地圖

りくろーおじさんの店

📍 大阪市北區梅田 3-1-1 大丸梅田店 B1F　📞 012-057-2132
🕐 週日～四 10：00～20：30；週五、六 10：00～21：00
㊡ 元旦　👍 起司蛋糕　💰～ 1000 日圓

 網頁　 地圖

茶寮都路里

📍 京都府京都市東山區四条通祇園町南側 573-3 祇園辻利本
店 2F・3F　📞 075-561-2257　🕐 週一～五 10：30～18：
00、週六・日・節日 10：30～19：00　㊡ 無　👍 抹茶聖代
💰 1000～2000 日圓

 網頁　 地圖

北極星

📍 大阪市中央區西心齋橋 2-7-27　📞 066-211-7829　🕐 週一～
五 11：30～22：00（L.O.21：30）、週六・日・節日 11：
00～22：00（L.O.21：30）　㊡ 12/31・1/1　👍 蛋包飯　💰 午餐～
1000 日圓、晚餐 1000～2000 日圓

 網頁　 地圖

關西地區

中村藤吉

📍 京都府宇治市宇治壱番十番地　📞 077-422-7800　🕐 茗茶賣場 10：00～17：30、茶室 11：00～17：30（L.O.16：30）　㊡ 無　👍 抹茶甜點　💴 1000～2000 日圓

 網頁　 地圖

和幸

📍 京都府京都市下京區烏丸通塩小路下る東塩小路町 901 ジェイアール京都伊勢丹 11F　📞 075-342-0024　🕐 11：00～22：00（L.O.21：15）　㊡ 元旦、不定期休　👍 炸豬排　💴 1000～2000 日圓

 網頁　 地圖

きじ本店

📍 大阪府大阪市北區角田町 9-20 新梅田食道街 1 F・2 F　📞 066-361-5804　🕐 11：30～21：30　㊡ 週日　👍 大阪燒　💴 午餐～1000 日圓、晚餐 1000～2000 日圓

 網頁　 地圖

総本家　ゆどうふ　奥丹清水

📍 京都市東山區清水 3 丁目 340 番地　📞 075-525-2051　🕐 週一～五 11：00～16：30（L.O.16：00）、週六・日・節日 11：00～17：00（L.O.16：30）　㊡ 週四　👍 湯豆腐　💴 午餐 3000～4000 日圓、晚餐 4000～5000 日圓

 網頁　 地圖

ステーキランド

📍 神戸市中央區北長狭通 1 丁目 9 番 17 号三宮興業ビル 6 階　📞 078-332-2900　🕐 11：00～22：00　㊡ 無　👍 神戸牛　💴 2000～3000 日圓

 網頁　 地圖

伊藤久右衛門

📍 京都府宇治市苑道荒槇 19-3　📞 077-423-3955　🕐 10：00～18：00（茶房 L.O.17：30）　㊡ 元旦　👍 抹茶甜點　💴 ～1000 日圓

 網頁　 地圖

北海道地區

山香食堂

📍 北海道富良野市綠町 9-20　📞 016-722-1045　🕐 11：00～14：00 17：00～19：30（L.O.19：00）　🚫 每月第三個週日 👍 蛋包飯 💴 ～ 1000 日圓

 網頁　 地圖

らーめん山頭火

📍 北海道旭川市 1 條通 8 丁目 348 番地 3 ささきビル 1F　📞 016-625-3401　🕐 10：00～21：30（L.O.21：00）　🚫 無　👍 拉麵　💴 ～ 1000 日圓

 網頁　 地圖

木のいいなかま

📍 北海道上川郡美瑛町丸山 2-5-21　📞 016-692-2008　🕐 營業時間請查詢網站 👍 野菜咖哩 💴 1000 ～ 2000 日圓

 網頁　 地圖

どんぶり茶屋 海鮮丼の店

📍 札幌市中央區南三條東 1-7 新二條市場內　📞 011-200-2223　🕐 7：30～17：00（L.O.16：30）　🚫 元旦、不定期休 👍 海鮮丼 💴 1000 ～ 2000 日圓

 網頁　 地圖

根室花まる

📍 札幌市中央區北 5 條西 2 丁目 ステラプレイス 6 階　📞 070-2240-3561　🕐 11：00～22：00　🚫 不定期休　👍 壽司　💴 午餐 1000 ～ 2000 日圓、晚餐 3000 ～ 4000 日圓

 網頁　 地圖

味の時計台

📍 札幌市中央區北 1 條西 3 丁目 1（敷島北 1 條ビル地下 1F）　📞 011-232-8171　🕐 週一～六 11：00～24：00；週日～假日 11：00～22：00　🚫 無　👍 拉麵　💴 ～ 1000 日圓

 網頁　 地圖

元祖豚丼のぱんちょう

📍 帶廣市西 1 條南 11 丁目 19 番地（JR 帶廣站前北）　📞 015-522-1974　🕐 11：00～19：00　🚫 週一，每月第一、三個週二 👍 豚丼 💴 1000 ～ 2000 日圓

 網頁　 地圖

北海道地區

梅光軒

📍 北海道旭川市 2 条通 8 ピアザビル B1F 📞 016-624-4575
🕐 11：00 ～ 21：00 ⊗ 週一 👍 拉麵 ¥ ～ 1000 日圓

網頁 地圖

丸木舟

📍 北海道川上郡弟子屈町屈斜路コタン 📞 015-484-2644
🕐 11：00 ～ 19：30 ⊗ 不定期休 👍 愛奴料理 ¥ 1000 ～
2000 日圓

網頁 地圖

味の三平

📍 札幌市中央區南 1 条西 3 丁目 2 大丸藤井セントラル 4F
📞 011-231-0377 🕐 11：00 ～ 18：30 ⊗ 週一、每月第二個
週二 👍 拉麵 ¥ ～ 1000 日圓

網頁 地圖

PICANTE

📍 北海道札幌市中央區北 2 条西 1 丁目 8 番地 4 青山ビル
📞 011-271-3900 🕐 11：30 ～ 22：00 ⊗ 無 👍 湯咖哩 ¥
1000 ～ 2000 日圓

網頁 地圖

馬子とやすべ

📍 北海道函館市若松町 9-15 どんぶり横丁市場 📞 013-826-
4404 🕐 6：00 ～ 15：00 ⊗ 週三 👍 海鮮丼 ¥ 1000 ～
2000 日圓

網頁 地圖

そば処福庵

📍 北海道登別市登別温泉町 30 📞 014-384-2758 🕐 11：30 ～
14：00、18：00 ～ 22：20 ⊗ 不定期休 👍 蕎麥麵 ¥ 1000 ～
2000 日圓

網頁 地圖

ラッキーピエロ LUCKY PIERROT

📍 函館市末廣町 23-18 📞 013-826-2099 🕐 10：00 ～ 22：
00 ⊗ 無 👍 漢堡 ¥ ～ 1000 元

網頁 地圖

佐賀牛レストラン 季楽

📍 佐賀市大財三丁目 9-16 📞 095-228-4132 🕐 11：00 ～ 15：00（L.O.14：00）、17：00 ～ 22：00（L.O.21：00）🚫 每月第二個週三 👍 佐賀牛 💴 午餐 1000 ～ 2000 日圓、晚餐 6000 ～ 8000 日圓

 網頁　 地圖

B-SPEAK

📍 大分縣由布市湯布院町川上 3040-2 📞 097-728-2166 🕐 10：00 ～ 17：00 🚫 每年兩次不定期休 👍 蛋糕 💴 1000 ～ 2000 日圓

 網頁　 地圖

小金ちゃん

📍 福岡縣福岡市中央區天神 2 丁目 14 ホテルモントレラ・スール福岡前 📞 090-3072-4304 🕐 18：30 ～ 2：00 🚫 週日、週四 👍 炒拉麵 💴 午餐～ 1000 日圓、晚餐 1000 ～ 2000 日圓

 網頁　 地圖

地獄蒸し工房鉄輪

📍 大分縣別府市風呂本 5 組 📞 097-766-3775 🕐 10：00 ～ 20：00 🚫 每月第三個週三 👍 地獄蒸 💴 1000 ～ 2000 日圓

 網頁　 地圖

四海樓

📍 長崎縣長崎市松が枝町 4-5 📞 095-822-1296 🕐 11：30 ～ 15：00、17：00 ～ 21：00（L.O.20：00）🚫 不定期休 👍 長崎強棒麵 💴 1000 ～ 2000 日圓

 網頁　 地圖

味のおぐらチェーン

📍 宮崎縣宮崎市瀨頭 2 丁目 2-23 📞 098-523-5301 🕐 11：00 ～ 2：00 🚫 元旦 👍 南蠻雞 💴 1000 ～ 2000 日圓

 網頁　 地圖

九州地區

元祖博多めんたい重

📍 福岡縣福岡市中央區西中洲 6-15 📞 092-725-7220 🕐 8：00～22：30（L.O.22：00） 🚫 無 👍 明太子 💴 2000～3000 日圓

 網頁
 地圖

BEAR FRUITS

📍 福岡縣北九州市門司區西海岸 1-4-7 門司港センタービル 1F 📞 093-321-3729 🕐 週日～四 11：00～21：00（L.O.20：30）節日前一天 11：00～22：00（L.O.21：30） 🚫 無 👍 燒咖哩 💴 午餐～ 1000 日圓、晚餐 1000～2000 日圓

 網頁
 地圖

博多一風堂

📍 福岡縣福岡市博多區博多站中央大街 1-1 JR 博多城 10F 📞 092-413-5088 🕐 11：00～22：00 🚫 無 👍 拉麵 💴 ～ 1000 日圓

 網頁
 地圖

中國地區（山陰山陽）

八昌

📍 廣島市中區藥研堀 10-6 📞 082-248-1776 🕐 週二～六 16：00～22：30、週日・節日 16：00～21：00 🚫 週一,每月第一、三個週二 👍 廣島燒 💴 午餐～ 1000 日圓 晚餐 1000～2000 日圓

 網頁
 地圖

福壽司

📍 岡山縣岡山市北區奉還町 2 丁目 16-17 📞 086-252-2402 🕐 11：00～14：00（L.O.22：20）、17：00～21：00（L.O.20：30） 🚫 每週一及第一、三個週二 👍 岡山散壽司 💴 午餐 1000～2000 日圓、晚餐 5000～6000 日圓

 網頁
 地圖

吾妻寿司

📍 岡山縣岡山市北區駅元町 1-1 さんすて岡山 2F 📞 086-227-7337 🕐 11：00～22：00（L.O.21：30） 🚫 無 👍 岡山散壽司 💴 1000～2000 日圓

 網頁
 地圖

中國地區（山陰山陽）

焼がきのはやし

📍廣島縣廿日市市宮島町 505-1 📞0829-44-0335 🕐10：30～
16：30 ❌週三 👍蠔 💴1000～2000 日圓

 網頁 地圖

麗ちゃん

📍廣島縣廣島市南區松原町 2-37 廣島站 ekie 1F 📞082-286-
2382 🕐11：00～22：00（L.O.21：30）❌不定期休 👍廣島
燒 💴～1000 日圓

 網頁 地圖

味司野村

📍岡山縣岡山市北區平和町 1-10 野村ビル 1F 📞086-222-2234
🕐11：00～14：30、17：30～20：30 ❌無 👍豬排飯 💴～
1000 日圓

 網頁 地圖

🍴 日本有什麼類型的餐廳？ 🍴

本有提供和食（日本料理）、洋食（外國料理）的餐廳，也有多種小型的食堂、
居酒屋等，其所提供的料理和價錢都不一樣，可以按照自己的需要選擇。

日本料理

　　日本許多料理店都只堅持製作一類食物，例如拉麵店專門製作拉麵，海鮮丼的店只販
賣海鮮丼等。日本料理的餐廳有很多，例如壽司店、迴轉壽司店、拉麵店、提供丼（即
盛在大碗公裡的飯）的店（例如牛丼、海鮮丼等）、蕎麥麵店、燒肉店、日式火鍋店、
日式甜品店、懷石料理店和料亭等。其中以拉麵店、牛丼店、迴轉壽司店較便宜，壽司
店、蕎麥麵店、燒肉店、日式火鍋店屬於中價，懷石料理店和料亭則最貴。

外國料理

如快餐店、咖啡店、各國料理的餐廳等，一般來說，快餐店的價格較便宜，咖啡店屬於中等，餐廳的價格則較貴。在日本最常找到的外國料理包括韓國、義大利、俄羅斯（多在北海道網走一帶）等。

屋 台

相當於台灣的路邊小攤，通常是一輛小車，提供一些小吃，在屋台裡最常品嚐到的小吃包括串燒、拉麵、餃子、玉子燒等，客人可以一邊吃東西，一邊和老板聊天，風味甚佳，價格親民，屋台多在晚上營業。

居酒屋

飲酒和品嚐小吃的地方，氣氛熱鬧，平民化又道地，最適合三五好友共聚。通常在晚上才會營業，提供的料理以小吃為主，例如生魚片、串燒、炸物等，也可以喝酒和飲用其他飲料。居酒屋的料理價格大多屬於低至中價，而且因為很有日本的道地風情，非常受到當地人和遊客的歡迎。如果想感受日本人的生活，到居酒屋吃吃東西是十分不錯的體驗！不過要留意，不少居酒屋不招持不會日語的客人喔！

食 堂

提供平民化的料理，例如鄉土料理和日式料理，價格較便宜，食物品質也好，衛生環境不錯，而且風格平民道地，很受到大眾歡迎。如果想品嚐充滿日式風情的料理，但又預算有限，前往食堂用餐是很好的選擇。

1 日本也有西餐廳，可以品嚐義大利料理等 **2** 混合了日式和義大利式風格的薄餅 **3** 日本的食堂，價錢親民 **4** 迴轉壽司店比壽司店便宜 **5** 在屋台品嚐小吃，特別有風情

我不會日語，
如何才能輕鬆點餐？

在日本，即使不諳日語，點餐也絕對沒有難度。首先，有些餐廳會提供中文或英文菜單，而許多餐廳的菜單中也有圖畫可以參考，看圖點餐，當然一點也不難！另外還有一個小秘技，日本的餐廳通常都會在餐廳外的櫥窗放置各種食物的模型，如果看中了想品嚐的食物，只要拿出手機拍下來，再拿給店員看就可以了。如果餐廳沒有模型，也沒有圖畫菜單時，也不用擔心！只要在出發前使用手機下載各種食物名字的中日文對照 APP，就能順利點菜了！

至於如何跟店員點餐，其實也不難，只要說聲「SUMEMASE（すみません，不好意思）」，店員很快就會過來服務了，接著只要利用身體語言，指著你想要點的食物，再舉起手指示意數量即可，點完餐後將菜單交還給店員，說聲「ARIGADO（ありがとう，謝謝）」或「THANK YOU」，店員就知道你已完成點餐了。

以下介紹好用的食物翻譯 APP，如果遇上不懂的字詞或字句，都可以使用它查詢，再指給店員看，這二個 APP 都是我前往日本旅行時必備的喔！

很多餐廳門口都有放置料理的模型，選好想品嚐的料理後，只要用手機拍照給店員看，就能點菜了

日本食物字典

這個 APP 將各種食物分門別類，例如壽司店、拉麵店、甜品店等，食物種類多樣，而且還有中日對照，十分方便好用！

一指神通遊日本

這個 APP 除了收錄餐廳點餐用語，還有多種場合的會話，例如在機場、飯店等場合的用語，只要指一指，去任何地方都沒問題！
備註：需費用

我的預算有限，
有推薦什麼便宜的餐廳嗎？

日本物價很高，要享用一頓午餐或晚餐，動輒要每人 1000 日圓或以上，如果預算有限也不要緊，日本還有很多物美價廉的用餐選擇，除了前往便利商店購買便當之外，還可以考慮選擇以下的連鎖餐廳：

CoCo 壱番屋

相信台灣朋友一定對它很熟悉吧！台灣也開了許多分店。專門提供日式咖哩飯，600 ～ 700 日圓便能品嚐到一份美味的咖哩飯，種類眾多，例如炸蝦咖哩、豬排咖哩、雞肉咖哩、野菜咖哩等，價格便宜之餘，味道也很棒！推薦！

官網

餃子の王將

在關西一帶特別常見，日本其他地方也有分店，一份餃子加飯或麵的套餐只需要 600 ～ 700 日圓，餃子煎得很香，份量也很足夠，CP 值滿分，絕對是物美價廉的餐廳選擇！

官網

吉野家及松屋

廣為人知的牛肉飯連鎖店，提供份量足，味道也不錯的牛丼。

吉野家

松屋

麥當勞

一個漢堡約 400 ~ 600 日圓，已可以吃得飽飽的，而且因為各地的麥當勞都提供差不多種類的漢堡，所以不用擔心不合口味的問題。

官網

日本人有什麼餐桌禮儀？

 境隨俗，就要當一位有禮貌的遊客，前往日本旅遊，用餐時也要注意當地的餐桌禮儀喔！

❶ 吃飯時，要將飯夾起來吃，筷子不能插在飯裡面，不能使用筷子直接將菜傳遞到另一人的碗裡，幾個人一起共用同一盤菜餚時，使用公筷。咖哩飯不是用筷子吃，多數是使用大湯匙食用。在喝味噌湯時，會使用筷子將材料夾起來食用。

❷ 吃飯時，將飯吃得一粒也不剩，飯菜也不宜剩下，即是表示對餐廳的認同。至於吃拉麵的禮儀，以前日本人多數認為吃到滋味有聲，代表對廚師的讚美和尊重，但現在一般人都覺得靜靜地吃才是有禮的表現。

❸ 吃壽司時，將適量的醬油倒在碟裡（不要倒太多，浪費是一種失禮的表現），吃壽司時將魚的那面沾取醬油（但醃過的魚製成的壽司不須沾取醬油），一口吃一個，才是日本人吃壽司最正宗的方法！

❹ 在用餐時，不擤鼻涕、不打嗝、不談及影響食慾的話題。

❺ 帶小孩者，需要管教好孩子，避免孩子吵鬧，打擾到其他客人。

Chapter 6
購 物

～～～～～～～～～～～

什麼時候購物最划算？

日本有哪些購物的地方？

在日本購物需要注意什麼？

哪裡可以買到價格便宜、種類多元的商品？

如何才能退稅？退稅有什麼手續？

什麼時候購物最划算？

日本的商店和百貨公司，都有不定時的折扣活動，只要看到「割引（大減價）」或「激安（十分便宜）」的字樣，即是有減價活動在進行了！在每年都有夏、冬折扣，最划算的月份在 1、8 及 12 月。1 月是冬裝的折扣時節，而且因應新年會推出多款福袋；8 月則是夏裝的購入好時機；12 月是年尾，不僅冬季服裝有折扣，許多家用電器都有優惠價格呢！

每年接近新年時，百貨公司都會推出福袋，不少日本人都會在此時搶購。所謂福袋，其實是袋子裡包含著一些神秘商品，通常這些商品的總值，都會超過福袋的價錢，所以就如同抽獎遊戲一樣，如果幸運，可以超低的價格買到物超所值的商品！不過缺點就是，無法事先得知這些商品自己需不需要，所以值不值得購買就見人見智了！

新年推出的福袋

 # 日本有哪些購物的地方？

日本可說是一個百分之百的購物天堂，來到這裡，血拚一族一定會逛到腿軟呢！因為購物的地方實在太多了，商品也琳瑯滿目，真的不知道怎麼選擇才好！

百貨公司

例如大丸、阪急、PARCO 等，不只可以買到品質很好的衣服、飾品，通常地下樓層都是伴手禮的集中地，很多知名品牌如 ROYCE、TOKYO BANANA、白色戀人、六花亭等都有在百貨公司設立專櫃。

購物街及地下街

日本有數不盡的購物街或地下購物街，全都是有屋頂的行人專屬街道，可以輕輕鬆鬆的享受購物樂趣，例如著名的心齋橋、狸小路、天神地下街等。

大車站和機場

一些大型車站和機場，都是旅客掃貨的天堂，尤其是機場，一來可以在最後一天才採買（尤其是食物類伴手禮，因為不使用防腐劑的關係，賞味期大多不長），二來可以消磨等機時的時間，而且在入了關後，即使不買滿 5000 日圓也可以退稅。不過要注意的是，入關後的店舖會少很多，未必會有你想購買的商品，所以如果真的很喜歡，就趁早下手吧！溫馨提醒：日本機場的伴手禮店多集中在國內航線大樓，國外航線大樓通常都沒什麼好逛的喔！

1 日本的商店街 **2** 日本的大車站既是交通樞紐，也是購物中心

在日本購物需要注意什麼？

雖然在日本購物和其他地方沒有太大的差別，但還是有些細節是需要注意的。

稅込和稅別

購物時，記得要留意商品的標價，例如商品標上「稅込」，即是含稅的價格，「稅別」則是不含稅，在購買時，還需要另外支付 10% 的消費稅。需要注意的是，如果要退稅，必須是商品不含稅的價格，加起來超過 5000 日圓才可以，如果以含稅的價格計算是不對的喔！

公定價

有時在日本逛街，不難發現同一類的商品，不論是在購物街，還是在百貨公司購買，價錢都是一樣的，那是因為日本較盛行公定價。當然，未必所有商品的價格都一樣，但也不會相距太多。

不殺價

日本商店一般不接受討價還價的行為，沒有議價的習慣。

電 壓

日本的電壓是 100V，台灣是 110V，所以購買電器時，要注意電壓的不同。

哪裡可以買到價格便宜、種類多元的商品？

許多人都認為日本物價很高，但其實仍能在不少地方找到價格既便宜，種類選擇又多的商品呢！以下是相當受到遊客歡迎，到日本掃貨必去的購物天堂！

驚安の殿堂ドン・キホーテ（驚安之殿堂，又稱唐吉訶德）

驚安の殿堂
ドン・キホーテ
全國分布圖

幾乎在日本每個大城市或旅遊勝地都能找到，在東京、大阪、廣島、福岡等地設有更多分店，在這裡可以找到琳瑯滿目的商品，從零食飲料、衣飾鞋襪、生活用品，甚至連藥物都有，而且就如同其店名一樣，絕對是百分之百的驚安！（在日文裡，「安」即是便宜的意思）。

藥妝店

在日本許多購物街都有，例如熱鬧的東京池袋、大阪心齋橋、札幌狸小路等，都是眾多藥妝店較量的戰場，為了吸引顧客，很多藥妝店都提供辦理免稅服務（但非每間都有，記得留意店家有沒有寫明是「TAX FREE」）。藥妝店除了藥物、化妝品價格便宜之外，還販售許多便宜零食，絕對是能令遊客滿載而歸的地方。一些必買的藥妝包括：舒緩喉嚨痛的龍角散、保健用品 BB 錠、舒緩疲累雙足的休足時間、有效的感冒藥（パブロンゴールド A 微粒）和止痛藥（EVE）、腸胃藥喇叭牌正露丸及表飛鳴等。

1 在許多受遊客歡迎的地方如東京、大阪、札幌等都可看見驚安之殿堂，提供各種價格便宜的商品，是名副其實的血拚天堂 2 日本有不少藥妝店，可以買到化妝品、藥品、零食等

3 口腔發炎時，只要貼上就不會再痛了 4 大受歡迎的 BB 錠 5 旅行走得小腿痠軟？休足時間足貼可以幫忙 6 止痛效力顯著的 EVE 止痛退燒藥 7 被稱為全日本最佳感冒藥之一，許多遊客前往日本時都必會掃貨 8 喉嚨痛時的解藥：龍角散

如何才能退稅？
退稅有什麼手續？

日本已頒布法例，只要購物超過 5000 日圓（在未計稅的情況下，商品上會標明「稅別」，即是未含稅的價格），不論買什麼商品，包括食物、藥妝、電器、衣服等，只要是在寫著「TAX FREE」（提供退稅服務）的商店裡購買，就可以退稅了。退稅的手續很簡單，主要分為兩種，視不同的店舖而定。

❶ 直接將要購買的商品帶到收銀台，出示護照，等待工作人員為你辦理相關手續，他們會在計算時，以扣除稅項的價格收取費用。

❷ 如果購物的地方是百貨公司，在不同櫃位購買東西後，將所有收據都集合起來，再到退稅專櫃辦理，工作人員會將稅項以現金退還給你。

需要注意的是，所有消耗品（包括食物及藥妝）都會放入塑膠袋裡封口，在離開日本前是不能開封的，否則要補回稅款。另外，在離開日本時，辦理出境手續前，會有海關櫃位收集退稅單，只要將護照交給關員或自行撕下退稅單，放在箱子裡就可以了。

■ 在有「TAX FREE」的商店購物，才可以退稅喔 ② 買 5000 日圓以上就可以退稅，退稅時需要出示護照 ③ 職員會幫客人處理好退稅單，客人只要簽名即可 ④ 如果購買的商品是消耗品，退稅的商品會被包在一個塑膠袋內，在離開日本之前，是不能開封的，否則可能要補繳消費稅

Chapter 7
溫 泉

～～～～～～～

日本有什麼著名的溫泉鄉？

如何選擇溫泉酒店？

如果不住溫泉飯店，如何以便宜的價格泡湯？

有什麼免費溫泉？

泡湯時有什麼程序？

泡湯需要注意什麼事項？

如何才能享用私人溫泉？

日本有什麼著名的溫泉鄉？

不論到日本哪個地區旅行，泡湯都已成了旅遊指定項目，來到這個溫泉天堂，不泡湯實在太對不起自己了！日本有哪些著名的溫泉鄉？可參考以下：

北海道地區

北海道可說是日本最多溫泉鄉的地區，不論是較容易到達的札幌附近或是較偏遠的道東，都有多個迷人的溫泉鄉。
① 札幌周邊：定山溪、洞爺湖
② 道南地區：登別、湯之川（函館）
③ 道北地區：層雲峽
④ 道東地區：阿寒湖、十勝

關東地區：箱根

距離東京市最近，約一個多小時就可到達，是最為方便的溫泉鄉，最適合前往東京遊玩的旅客安排兩天的箱根行程，暢遊箱根的美術館，觀賞富士山，晚上再回溫泉飯店，好好放鬆一下！

九州地區：別府、由布院、黑川、霧島

九州擁有多個別具風情的溫泉鄉，例如有「地獄」之稱的別府，最受女性歡迎的由布院，還有黑川、霧島等，溫泉鄉多不勝數。

關西地區：白濱、勝浦、有馬

關西地區的溫泉主要集中在和歌山一帶，其中白濱和勝浦都是面向太平洋的溫泉，景色一流！勝浦的忘歸洞溫泉與大海只是一石之隔，美得令人留連忘返呢！

這些溫泉鄉都有其獨特色彩，例如登別和別府以地獄著名，定山溪的河童、層雲峽的紅葉、白濱的望海溫泉、勝浦的天然石洞溫泉，還有最受日本女生歡迎的由布院等，每種溫泉水都有不同療效，遊客可以根據自己的行程和所需要的療效，選擇適合泡湯的溫泉喔！

如何選擇溫泉飯店？

住溫泉飯店，無非是為了享受溫泉、享用美食，好好悠閒一番！而在選擇溫泉飯店時，需要考慮什麼因素呢？

泉水的療效

各溫泉酒店的網站通常都會介紹他們的溫泉水有什麼成分和療效，客人可以按照自身需求挑選。

住宿方案

分為素泊（只住宿，不包餐）、一泊朝食（住宿及早餐）或一泊二食（住宿、早餐和晚餐）的方案，通常想要好好享受，感受日本溫泉風情，而又預算充足的遊客，都會選擇一泊二食方案。而預算有限但又想享受泡湯的遊客，則可以選擇素泊方案。

溫泉的景觀

許多飯店官網都會提供溫泉的實地照片，可以選擇自己喜歡的景色，另外飯店也會註明溫泉是室內還是露天，以及是不是展望溫泉（即是位於樓頂，可以展望外面景色的溫泉）。

如果不住溫泉飯店，如何以便宜的價格泡湯？

如果要入住溫泉飯店，費用多數都很昂貴（一泊二食方案通常很貴，單單住宿也不便宜），在預算有限的情形下，但又想泡品質好、風景美的高級溫泉，可以選擇日歸泡湯方案（日帰り溫泉，即是只泡溫泉，不住宿），許多溫泉飯店都提供這種服務，價位在 500～2000 日圓，也有泡湯加用餐的方案。選擇價格便宜的地方住宿，再到高級飯店泡個日歸溫泉，就可達到以便宜價格泡高級溫泉了！另外，也有一些純泡湯的公共溫泉，價格大多很便宜喔！以下列出幾個熱門溫泉鄉，以及提供日歸溫泉服務的飯店：

關東及東京地區

箱根

特色：距離東京很近，十分方便。

♨箱根湯寮　　♨湯本富士屋飯店

關西地區

白濱

特色：面向太平洋，景觀一流。

♨崎之湯

勝浦

特色：忘憂洞洞窟溫泉風味特別。

♨ホテル浦島 本館

北海道地區

登別

特色：可以在冰天雪地裡泡湯，感覺難忘。

⛩第一滝本館

定山溪

特色：泡完湯後，更可以進行尋找河童之旅。

⛩豪景飯店

洞爺湖

特色：湖景美麗迷人。

⛩萬世閣

層雲峽

特色：在漫天紅葉的季節，格外有詩意。

⛩朝陽亭

十勝及帶廣

特色：著名的美人湯，有助美容。

⛩豐州亭

定山溪的泡湯優惠券，包含來往札幌和定山溪的交通及任選名單中一間溫泉飯店泡湯

九州地區

別府

特色：地獄溫泉風情獨特。

⛩杉乃井

由布院

特色：日本女孩最喜愛的溫泉。

⛩夢想園

霧島溫泉

特色：九州南部最著名的溫泉。

⛩櫻櫻溫泉旅館

黑川溫泉

特色：使用入湯手形（只要持著這個牌子，就可以在6個月的有效期限內，選擇到三間溫泉旅館泡湯），可以前往多間溫泉飯店泡湯。

⛩やまびこ旅館

由布院的公共溫泉，可以便宜的價格享受泡湯

有什麼免費溫泉？

日本的溫泉飯店大都不便宜，想要泡免費溫泉？其實也不難！以下介紹兩種常在溫泉鄉裡可以找到的免費溫泉。

手湯及足湯

在登別、別府、由布院、層雲峽、定山溪等溫泉鄉都可以找到免費的手湯和足湯，能提供給遊客洗洗手、泡泡腳，一除旅途的勞累。

秘湯

即是位於郊外，遠離人煙的隱秘溫泉，在北海道一帶較易找到，例如屈斜路湖附近的古丹（KOTAN）溫泉、知床的熊之湯等，都可以免費浸泡，但因為位置偏遠，對於非自駕的遊客而言，前往會有點困難。

  # 泡湯時有什麼程序？

前往溫泉泡湯，只要按照以下這些步驟做就可以了！

① 在門口脫下鞋子，放在鞋櫃裡，或是放在地上。

② 將貴重物品放在置物櫃裡，通常存放貴重物品的置物櫃較小，證件、錢包和手錶（不建議戴手錶進溫泉，因為溫泉可能讓某些金屬生銹）、飾物等都要放在這裡，再取走置物櫃的鑰匙，套在手腕上。

③ 將衣服脫好（日本溫泉一律不許穿衣服進場），再放在籃子裡（不貴重的大型物件，例如背包等，也可放籃子裡），記住籃子的位置或號碼。

④ 用水清洗好身體，根據日本的溫泉禮儀，為避免污染溫泉水，在泡溫泉前都必須先將身體洗乾淨，小毛巾可以帶進溫泉內，但不可放進溫泉水裡；大毛巾則不能帶進去。

⑤ 進入溫泉池浸泡溫泉。

⑥ 離開時，先沖洗一下身體和頭髮，溫泉飯店都會提供沐浴乳和洗髮精，也會有吹風機和紙巾。

⑦ 取回籃子裡的衣服和物件，記得要到置物櫃拿回財物，最後穿回鞋子，就能離開了。

 在溫泉街上時常可以發現免費提供遊客享用的足湯 定山溪有趣的河童手湯

泡湯需要注意什麼事項？

雖 然泡湯是能舒展身心，令人感到愉快的事情，但也要注意日本的溫泉禮儀和安全，如此一來才能盡情地享受泡湯的樂趣喔！

❶ 日本的溫泉多數是男女分浴，男女共浴的多會標注清楚，多數不許穿著任何衣服（包括泳衣）進場。

❷ 在泡湯前，必須先將身體清洗乾淨，為免污染池水，請女性客人將頭髮紮好。

❸ 小毛巾可帶進去，但大毛巾則不能帶入溫泉池範圍內。

❹ 不要急著跳進池裡，首先坐在池邊，將腳放進泉水裡，再於身上抹些溫泉水，讓身體適應溫泉溫度。多數溫泉都會寫明泉水的成分和溫度，可以按照自己的接受能力選擇。

❺ 等身體習慣後，再慢慢步入池中，首先讓池水達到及腰的高度，過一會再整個人浸泡在溫泉池水裡，此時水位會到達胸口位置，請注意，溫泉水及胸口位置的時間不能太長，遇到心跳加速或任何不適時，便需要休息。

❻ 注意泡溫泉的時間（溫泉多設有時鐘），每次最多只能泡 10 分鐘，就要起來休息一下，因為泡湯會造成身體流失大量水分，一定要多喝水，有些溫泉也會提供茶水。遇到任何不適，就應該停止浸泡。

❼ 如果有皮膚病、心臟病、高血壓，或是身上有損傷者，皆不宜泡溫泉。

如何才能享用私人溫泉？

日 本的溫泉都是不穿著衣服浸泡，有些人可能會覺得有點尷尬，有些人亦會追求更多私人空間，又或是更喜歡只和三五好友或家人一起浸泡，可以在尋找溫泉飯店時，看看有沒有提供「貸切風呂」服務，這即是一間私人湯屋，只有你邀請的人才能入內，而且可以男女混浴。貸切風呂的價格以時間計算，價位比一般溫泉貴，但很適合想要享受更多私人空間的遊客。需要注意的是，並非每間溫泉飯店都設有貸切風呂，建議先在網路上查詢清楚。

Chapter 8
其他事項

～～～～～～～

如何找到免費又乾淨的洗手間？

使用洗手間時需要注意什麼？

神社和寺廟有什麼分別？

前往神社參拜有什麼步驟？

有哪些最易學又好用的日語？

前往日本餐廳和飯店需要給小費嗎？

如何穿浴衣？浴衣和和服有什麼分別？

如何才能好好利用便利商店？

遇到危急情況時該怎麼辦？

在日本可感受什麼特別體驗？

如何找到免費又乾淨的洗手間？

在 日本要找到洗手間並不難，衛生程度也大都令人滿意，而且都是免費的。如果想要找到免費又乾淨的洗手間，可以前往以下這些地方：

便利商店
多數便利商店都設有洗手間，無論在市區內或公路上，要找到並不困難，通常便利商店都有一至兩間的洗手間，衛生程度一般，優點在於容易找到。

道之驛
即是公路上的休息站，優點是有多間的洗手間，缺點是萬一遇上了團體遊客，就要等很久了。除了洗手間之外，還可以買到一些零食，或是喝一杯咖啡。

百貨公司
洗手間的衛生程度是最高的，甚至可以舒適體貼形容，只是百貨公司多數集中在大城市的某些熱鬧區域，並非每處都能找到。

1 在許多公共場所都能找到乾淨又免費的洗手間 2 便利商店的洗手間既乾淨又衛生，而且幾乎每個街道角落都有便利商店，非常方便

  ## 使用洗手間時需要注意什麼？

在 日本使用洗手間，和台灣習慣有點不同，請千萬要注意喔！

和式和洋式

和式的洗手間是蹲式，洋式則是坐式，使用洋式時，可以使用洗手間裡的消毒劑清潔馬桶座，但千萬別蹲在馬桶上喔！

音姬

日本的馬桶都設有一個稱為「音姬（おとひめ）」的設備，按了之後會傳出流水的聲音，其實是用以遮掩如廁時發出的聲音，因為日本人認為被人聽到如廁的聲音是不雅的。

使用過的廁紙應投進馬桶裡，其他雜物則投在垃圾桶裡

使用過的廁紙是不乾淨的，投在垃圾桶裡不太適當，但其他雜物則記得別棄置在馬桶裡喔！

1 音姬會發出水流聲，遮掩如廁時發出的聲音 **2** 日本的馬桶有多種功能，例如溫水、沖洗等，一些馬桶座更有發熱功能，即使在冬天時使用也不會覺得冰冷 **3** 圖中的「小」是指水流較少的沖水，「大」則是水流較多

神社和寺廟有什麼分別？
前往神社參拜有什麼步驟？

日本的神社，供奉的是神道教的神明，寺廟則是供奉佛教的神明；神社設有鳥居，寺廟則沒有，這兩點是兩者之間最大的分別。進入神社參拜，需要依循以下步驟：

❶ 進入鳥居代表前往神的國度，通過鳥居時，中間被認為是神明行走的道路，所以不可在中間行走，要在兩側行走。

❷ 在進入神社前，先在「手水舍（即洗手池）」清洗雙手及漱口。

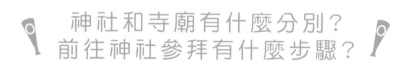

❸ 進入殿內，先向神明鞠躬，投下 5 円的硬幣（在日文裡，「5 円」和「ご緣（即緣分）」音同，象徵了結緣），再搖動鈴鐺，告知神明前來參拜，接著拍兩下手，雙手合十許下願望，最後再結禮一次，完成參拜，這也是所謂的「拜、投錢、拉鈴、拜拜拍拍拜」口訣。

1 神社設有鳥居，圖中是出雲大社表參道上的鳥居，全日本最大的鳥居 2 寺廟則沒有鳥居，圖中為京都的清水寺

有哪些最易學又好用的日語？

即使不諳日文也能前往日本遊玩，但在某些情況之下，懂得一兩句簡單的日語，不僅能對自己大有幫助，還能讓當地人留下良好的印象呢！以下介紹好用又易學的日語：

不好意思
su me ma se

相等於英語的「Excuse me」，這句話是我認為最好用的一句日語，可以使用的情況很多，例如在餐廳裡想呼喚服務生、在商店裡想找店員幫忙、想找當地人幫忙拍照（可以再配合身體語言，例如指相機）、想找路人問路等，都可以使用這句當作開頭。日本人很講求禮貌，使用這句話當作詢問，當地人大多願意幫忙呢！

謝謝
ariga to go zai ma su

在得到別人幫忙後，千萬別忘了說這句話喔！GOZAIMASU 是敬語，說了會較有禮貌，但如果太長記不住，只說 ARIGATO 也可以喔！

你好
konni chi wa

碰到當地人親切地向你打招呼，也熱烈地回應一句吧！能和當地人交流，是旅行最大的收穫呢！

多少錢？
ikura de suka

前往日本遊玩當然要盡情血拚了！想知道商品多少錢，只要使用這句簡單的日文就可以了。

請稍等一下
cho to ma
teku da sai

很多時候前往餐廳或店舖購物都會聽到這一句，即是店員請你稍等一下。

那我開動了
i ta da ki ma
susuka

日本人在吃飯前都會先說這一句，這也是餐桌禮儀的一項呢！

為什麼？
naze

想知道原因，可以使用這一句發問。

這樣可以嗎？
ko re teii
de suka

想詢問這樣做可不可以時，這句日語就派得上用場了。

日本旅遊會話推薦網站

這個網站以購物、餐廳、旅遊景點、交通會話、遇到困難時可用的會話等作為分類，每句日語都會以日文、英語注音及中文解釋清楚顯示，遊客可以按照英文試著將句子說出來，如果不行，也可以用手指一指，日本人就會明白你的意思了。

前往日本餐廳和飯店需要給小費嗎？

本沒有支付小費的習慣，飯店的住宿費已包含了服務費和稅項，所以前往餐廳和飯店都不需要支付小費，旅館的收費是包含服務費的，所以也不用給小費。如果覺得旅館服務很好，想表達一點心意，可以寫一封感謝信謝謝他們。

如何穿浴衣？
浴衣和和服有什麼分別？

飯店提供的浴衣

浴衣是和服的一種，對比兩者，主要有以下不同：

❶ 浴衣較輕便、寬鬆、色彩活潑，和服則較隆重、高貴，穿著方式也較繁複。

❷ 浴衣的材料是綿質的，和服則是絲質的。

❸ 浴衣是在泡湯沐浴後穿的，也會在祭典、節日時穿。

很多日式溫泉飯店會為客人提供浴衣，可以在泡湯後穿著，在吃飯或逛街時都可以穿，通常會配以日式木屐或拖鞋。有一點是務必注意，穿著浴衣時，正確的衣襟方向是右下左上，衣襟記得不要穿成右上左下，因為只有往生者的壽衣才會這樣穿喔！

浴衣的正確穿法

1 披上浴衣，先將領子左右及兩襟長度調整到對稱一致。

2 右手將右側衣襟拉至左側腋下腰骨，左手抓住左側衣襟蓋在身前。

3 將腰帶適當的展開，並將其中心部分貼緊腰部。

4 腰帶向後拉緊，在背後交叉後，再將腰帶拉向前，打一個漂亮的蝴蝶結固定住。

5 把打好的蝴蝶結以順時鐘的方向迴轉至背後的中心的左側或右側，稍微調整一下就完成了。

6 完成！

如何才能好好利用便利商店？

常自助遊客都喜歡逛超市，但在日本，超市較少，而便利商店卻多如雨後春筍。日本便利商店的商品種類十分齊全，泡麵和杯麵、飲料、麵包、點心、飯麵、生活日用品、雜誌等都有販售，價格比起自動販賣機吸引人，可以好好利用！

補充食物和飲料

旅程中，如果需要購買食物和飲料，便利商店是最佳選擇，更棒的是這裡還有很多糕餅、飯糰、小點心等，如果飯店沒有提供早餐，前往便利商店解決最好不過了！

長途車程的休息站

據我的經驗，不一定都能在公路上找到道之驛，但卻有很多便利商店，而且都提供免費停車。如果開車累了，可以將車停在便利商店，進去買些飲料和食物，休息一下。

便宜又方便的用餐選擇

如果預算有限，又或是在開車途中找不到餐廳，只要前往便利商店買個便當，指指微波爐請店員幫忙加熱，就可以解決用餐問題了！

免費又方便的洗手間

許多便利商店都設有免費洗手間，衛生程度都不錯，人有三急時，便利商店可説是救星呢！

1 日本常見的便利商店：LAWSON 2 日本另一間常見的便利商店：FAMILY MART 3 大家都很熟悉的 7-11，日本的 7-11 為免税商店 4 相對來説，OK 便利商店在日本較少見到

1 飲料是旅途中不可少的補給品，價格比自動販賣機貴一點，但優點在於選擇較多 2 如果找不到餐廳用餐或是趕時間，便利商店的便當是不錯的選擇 3 早餐也可以在便利商店解決，都有提供多款三明治或麵包 4 也提供一些博物館如三鷹之森、藤子不二雄博物館等售票和取票的服務機 5 如果現金用完，想要提款也沒有問題 6 還有影印和列印服務呢

遇到危急情況時該怎麼辦？

在日本旅遊時，如果遇到危急情況，請立即向相關部門求助：

狀況	處理方法	聯絡方式	備註
遺失護照時	致電台北駐日本經濟文化代表處求助	東京：033-280-7821 大阪：066-443-8481	
生病或受傷時	致電緊急電話求助	緊急電話：110 東京英文醫療詢問電話：035-285-8181	請記得保存診斷證明，才能得到保險補償
信用卡不見時	向各信用卡公司報失	VISA：005-3144-0022 MASTER CARD：005-3111-3886	
東西被偷時	致電警局報案	警局：110	
其他危急事件時	致電這些能以英文溝通的緊急電話報案	警局：110 火警、救護車：119 救助專線：012-046-1997	

在日本可感受什麼特別體驗？

到日本，除了吃喝玩樂之外，認識文化，感受獨特的體驗，讓旅程留下難忘回憶，也已成為很多遊客的指定項目。以下介紹幾種特別的體驗，以及價格和地點，這些都是融入當地文化，令旅程更豐富多彩的好方法呢！

和服及浴衣體驗

在京都、大阪、奈良、東京淺草等地都可以感受，其中以四處可見古蹟的京都和歷史味道濃厚的淺草最受歡迎。遊客只要在各大和服租用店的官網預約（可以使用英文或中文），並於預約的日期和時間前往店舖即可，基本上什麼都不用準備。

和服店的套裝方案通常有數種，選擇愈多，和服愈華麗，價格也會愈貴。一般來說，租用最簡單、選擇較少的款式，大約需要 3000 日圓；如果想要有更多選擇，通常需要約 4000～5000 日圓。通常方案已包括和服的襯衣（內衣）、包包、拖鞋等，部分會包含羽織（即外套）。如果想再加上髮型設計，或想要更華麗的振袖（長袖的和服，看起來很華麗），則可以選擇加購方案。

預訂好後，在預約好的時間前往店舖，店舖便會安排客人挑選和服和配件，並有專人替客人穿著及設計髮型，加上髮飾。員工都會中文或英文，而且非常親切友善，如果拿不定主意該穿什麼款式時，可以詢問她們的專業意見。穿好和服後，就能外出散步，到喜歡的古蹟拍照了，只要在和服店所規定的歸還時間還好衣服即可；如果來不及歸還衣服，也可以額外加費用選擇隔天歸還的服務。在冬天，可以感受穿和服體驗，而因為夏天較熱，通常是租用較薄較輕便的浴衣。

推薦和服租用店（奈良及大阪）

大阪和服櫻

輕量方案：3000 日圓、
標準方案：4000 日圓、
夫妻計劃：7500 日圓。

着物あそびにっこり

奈良著名的和服店，很多台灣遊客都愛光顧。

推薦和服租用店（京都）

岡 本

位於清水寺附近，位置方便，而且方案選擇多，方案已包含羽織及包包等，不用另外加費用。

WARGO

最便宜的方案只需要2980日圓，在京都站、清水寺附近、嵐山和金閣寺都設有分店。

染 匠

和服的款式以典雅為主，品質也較好。

夢 館

只單純租和服很便宜，而且款式多，但位置距清水寺較遠。

推薦和服租用店（東京淺草）

淺草愛和服

1人價格 4,300 日圓（含稅）、2人以上 3,800 日圓/人（含稅）、5人以上 3,300 日圓/人（含稅）平日限定（線上付款）

八重和服出租

標準套餐（女性）6,500日圓（含稅）、標準套餐（男性）6,200 日圓（含稅）、情侶套餐 12,000日圓（含稅）、兒童套餐5,300 日圓（含稅）

可以穿著和服前往京都的古蹟如清水寺、祇園一帶散步，感受日本風情

舞妓體驗

如果和服體驗已試過了，來到京都，還可以感受京都的名物：舞妓體驗，分為舞妓（還在學習階段的藝妓，衣著較年輕活潑，也較受遊客歡迎）和藝妓（較成熟典雅，但體驗價格也較貴）。基本上要感受舞妓體驗，約需要一至兩個小時，價格10000～20000日圓不等，但也有較便宜的店，適合預算較少的遊客。如果只在店家拍照，價格會較便宜，但如果要到外面散步，價格也會較高。與和服體驗一樣，只要預約好後（許多店舖都能以中文或英文預約），在當日預定時間來店即可，不用準備什麼。在化好妝，設計好髮型後（可以使用全假髮或半假髮，其中半假髮效果較好，也較自然），再挑選和服和頭飾，就可變身為華麗的舞妓了！店家會幫客人拍照，也會列印照片讓客人留念。

推薦舞妓體驗店

舞妓變身體驗夢館

舞妓體驗方案（照片3張）11,000日圓、藝妓體驗方案（照片3張）12,100日圓

舞妓体験処 ぎをん彩（あや）

非常受台灣旅客歡迎，在網路上備受好評，但價格也較貴。

舞妓體驗處四季

室內攝影套餐，通常價格33,000日圓、優惠價格16,390日圓；室內攝影及散步套餐，通常價格41,800日圓、優惠價格19,690日圓；人力車套餐，通常價格44,000日圓，優惠價格21,890日圓

只需要短短的一個多小時，便能變身成為華麗的舞妓了

COSPLAY 體驗

　　來到日本這個動漫大國，也是 COSPLAY 的發源地，動漫愛好者可以感受 COSPLAY 的滋味。COSPLAY 其中一個難處是準備服飾和假髮，但秋葉原和大阪日本橋的 COSPLAY 店卻能讓大家在不需要任何準備之下，感受 COSPLAY 的樂趣！遊客只要預約好時間，或者當日來店也可，參加者可以挑選喜愛的角色，穿上該角色的衣服及髮飾，再拍照留念。最後可以取回電子檔及一至兩張照片。想要體驗更多角色者，可以選擇價格高一點的方案。

推薦 COSPLAY 體驗店

MILKY ANGE（大阪日本橋）

有多款可愛或典雅的女僕服裝，絕對是女孩子的天堂！

STUDIO CROWN（東京秋葉原）

有多款動漫角色的服裝和道具可供選擇。

FOUR-M（大阪日本橋）

體驗基本 3800 日圓，員工友善親切，過程有趣難忘，十分推薦！

Chapter 9
玩遍東京

～～～～～～～～～～

有什麼推薦的東京行程嗎？
東京有什麼好玩的地方？
東京美食和名物

有什麼推薦的東京行程嗎？

東京是日本的首都，也是最熱鬧、最繁華、人口最多的城市，這裡集合了多種時尚商品，包括衣飾鞋襪、生活雜貨、動漫產品等，而且百貨公司林立，店舖不勝枚數，購物街處處皆是，可說是個百分百的血拚天堂。另外，因為設有多座適合親子旅遊的主題樂園、美術館、博物館等，這也是一個會令大小朋友都玩得盡興的好地方！如果你喜歡血拚或是親子旅行，十分推薦來東京玩喔！

東京親子同樂之旅

親子同遊主題樂園及特色美術館，可以和多位卡通人物親密接觸。

DAY 1

到達東京後，先爭取時間到池袋逛街，這裡有很多藥妝店，一定會滿載而歸！池袋的拉麵也很著名，一定不可以錯過喔！

DAY 2

先到三鷹之森吉卜力美術館，見識製作動畫的繁複過程，再到附近的吉祥寺逛街，下午前往藤子不二雄博物館，探訪可愛的Q太郎和哆啦A夢。

DAY 3

到台場船之科學館學習更多科學知識，也可以到富士電視台探訪小丸子！還可以到LEGO DISCOVERY CENTRE大玩樂高積木，既好玩又能訓練小朋友的思維能力。

DAY 4

可以選擇東京迪士尼樂園或迪士尼海洋，度過瘋狂開心的一天。

DAY 5

回國

東京吃喝玩樂之旅

以購物及吃喝玩樂為主，玩遍、買遍東京，必定滿載而歸！

DAY 1

到達東京，先到新宿逛街，這裡店舖林立，一定會逛到腳軟呢！

DAY 2

繼續在原宿、涉谷、池袋等潮人必朝聖之地瘋狂血拚享受美食。

DAY 3

到台場海濱公園,拍一張美麗的彩虹橋,也可以在 DiverCity Tokyo 享受購物樂趣,或是去 DECKS Tokyo Beach 的「台場神秘學園」鬼屋和電子主題樂園「東京 Joypolis」盡情玩樂。

DAY 4

到箱根看看富士山,泡個美美的溫泉吧!還可以參觀多間精彩的博物館!

DAY 5

回國

東京動漫迷朝聖之旅

琳瑯滿目的模型、同人、聲優產品、玩具,動漫迷怎麼可以不帶足金錢瘋狂掃貨?還有動漫大師如藤子不二雄及宮崎駿的博物館,絕對不容錯過!

DAY 1

抵達東京,到池袋乙女之路,瘋狂購買各種同人和模型玩具,當然也少不了 8 層樓高的 ANIMATE 旗艦店!

DAY 2

到三鷹之森吉卜力美術館看宮崎駿的作品,還有前往藤子不二雄博物館看哆啦 A 夢和 Q 太郎等,是動漫迷不可缺少的行程。

DAY 3

可以前往台場,參觀卡通人物雲集的富士電視台!接著到東京站逛街,這裡也有很多動漫主角的專題精品店。

DAY 4

想收集最齊全的動漫精品,一定要去秋葉原和中野!

DAY 5

回國

淺草寺和雷門

📍 東京都台東區淺草 2-3-1
📞 033-842-0181
🕐 6：00～17：00，10月至3月6：30～17：00
🚇 地下鐵銀座線淺草站，步行約5分鐘

雷 門在 942 年建造，因為掛著兩盞寫著「雷門」大字的燈籠，非常好認。這裡是通往淺草寺的入口，在雷門的兩側有兩尊巨像，一位是風神，另一位是雷神。穿過了雷門，會到達非常熱鬧的仲見世通商店街，這條街道兩旁有超過一百間的店舖，販售傳統手工藝品、糕點、玩具、紀念品和伴手禮等。

官網 地圖

淺草寺的標誌：雷門

箱 根

📍 神奈川縣足柄下郡箱根町
🚇 從新宿搭乘小田急火車，小田原站下車，再轉乘登山纜車前往

這 裡是距離東京最近的溫泉區，只需要大約一個多小時的車程。除了可以享受日歸溫泉以外，也可以逛逛美術館和前往 OUTLET 便宜掃貨！箱根是一個充滿藝術氣息的地方，如果喜歡雕像，一定不能錯過雕刻之森美術館；喜歡玻璃製品，也可以到玻璃之森博物館參觀。在這裡可以欣賞到多件使用玻璃製成的精緻藝術品，也能在很美的庭園裡打卡拍照。

地圖 玻璃之森美術館

大涌谷煙霧瀰漫，讓人有騰雲駕霧之感

迪士尼樂園

CHAPTER 9 玩遍東京

東京的迪士尼樂園共有兩個樂園，一個是大受歡迎的「迪士尼樂園」，另一個是擁有全世界唯一的「迪士尼海洋」。而其中迪士尼海洋以海洋作為主題，分為地中海港灣、神秘島、失落河三角洲、美人魚礁湖、阿伯海岸、發現港及美國海濱七個區域，其中一定要玩的遊戲設施包括TOYSTORY MANA 3D 遊戲屋、印第安瓊斯冒險旅程、地心探險之旅、海底二萬哩等。至於迪士尼樂園，則分為世界市集、探險樂園、西部樂園、動物天地、夢幻樂園、卡通城及明日樂園等，小熊維尼獵物記、飛濺山、幽靈公館、怪獸電力公司巡遊車及巴斯光年都是必玩的遊戲！

官網 　　地圖

- 📍 千葉縣浦安市舞浜 1-1
- 📞 057-000-8632
- 🕐 9：00 ～ 21：00
- 💴 一日券成人 7900 ～ 9400 日圓、12 ～ 17 歲 6600 ～ 7800 日圓、4 ～ 11 歲 4700 ～ 5600 日圓、未滿 3 歲免費
- 🚃 從東京站搭乘京葉線東行至舞濱站下車

迪士尼的標誌：浪漫的睡美人城堡

三鷹之森吉卜力美術館

美術館於 2001 年建造，由宮崎駿親自監督設計，在這裡，你可以找到宮崎駿的動畫原稿展覽，還有讓大家更了解如何從單一畫面，繪製成動畫電影的動畫影像館。而最令孩子興奮的，當然是到貓巴士廣場，和可愛又巨型的龍貓巴士玩偶一起玩了！而大人們則較喜歡到屋頂的花園，找尋《天空之城》裡的機器人合照。

官網 　　地圖

- 📍 東京都三鷹市下連雀 1-83
- 📞 057-005-5777
- 🕐 平日 10：00 ～ 17：00；週六日、假日 10：00 ～ 19：00；夏季特別時段 10：00 ～ 18：00
- ❌ 週二
- 💴 大人 1000 日圓、高 / 中學生 700 日圓、小學生 400 日圓、幼兒 100 日圓
- 🚃 JR 三鷹站下車，再轉乘接駁巴士前往

一進去美術館，龍貓已在售票處歡迎大家了

麵包超人博物館

以正義又可愛的麵包超人為主題，設計出多種遊樂設施，例如細菌人的座駕 UFO、麵包超人畫廊、彩虹滑梯，當然也少不了提供麵包超人造型麵包的 UNCLE JAM'S BAKERY & CAFE 了！

- ⊙ 神奈川縣橫濱市西區港未來 6-2-9
- ☎ 045-227-8855
- ⊙ 10：00 ～ 17：00（博物館）
  10：00 ～ 18：00（商店）
- ⊗ 1/1
- ¥ 2200 ～ 2600 日圓（1 歲以上收費）
- ⊚ 搭乘未來港線地鐵到新高島站，徒步約 3 分鐘，或搭乘橫濱都營地下鐵到高島町站，徒步約 10 分鐘

官網

地圖

1 孩子們一看到大大的麵包超人，個個都會興奮不已 2 博物館的麵包店販售麵包超人造型的麵包，萌度滿分

日清杯麵博物館

在這裡，可以找到很多跟日清杯麵相關的有趣資料，例如發明的過程，製造出第一碗雞湯拉麵的小屋模型等，還有一面由來自各國不同類型的杯麵拼湊而成的巨牆呢！真的令人大開眼界！而這裡最大的特色，就是可以親自動手，製造出一碗只屬於你，全世界獨一無二的杯麵！

- ⊙ 神奈川縣橫濱市中區新港 2-3-4
- ☎ 045-345-0918
- ⊙ 10：00 ～ 18：00
- ⊗ 週二及年末年初
- ¥ 成人 500 日圓，高中生以下免費
- ⊚ JR 市營地下鐵櫻木町站，步行 12 分鐘

官網

地圖

1 博物館裡的大型杯麵牆，真的很震撼呢 2 大家來畫出一個屬於自己的杯麵吧

藤子・F・不二雄博物館

在館內可以欣賞到藤子・F・不二雄的親筆漫畫原稿，非常珍貴！還可以一訪他的工作室，裡面充滿各式各樣的圖鑑，另外還有關於他的生平介紹，以及一些哆啦A夢的相關資料。在戶外區更重現了漫畫的多個經典場景，例如大雄他們最愛聚集的空地和水管、女神送給誠實大雄的帥氣胖虎、大雄和哆啦A夢騎著可愛的恐龍等，另外還有Q太郎、小超人等角色和大家見面！

⊙ 神奈川縣川崎市多摩區長尾 2-8-1
☎ 057-005-5245
🕙 10：00 ～ 18：00
🚫 週二、12/30 ～ 1/3
💴 成人及大學生 1000 日圓、高 / 中學生 700 日圓、4 歲以上兒童 500 日圓、3 歲以下免費
🚌 搭小田急火車至登戶站下車，再轉乘接駁巴士

官網

地圖

1 在哆啦A夢閱讀區，可以重溫多本精彩的漫畫 2 一起和小超人睡懶覺吧 3 重現《哆啦A夢》裡的經典場景：女神將帥氣的胖虎送給誠實的大雄 4 在商店裡可以買到很有趣的商品：胖虎的個人音樂專輯！你敢買嗎 5 哆啦A夢義大利麵，你捨得吃下嗎？

東京美食和名物

海鮮

吃海鮮，當然要去豐洲市場！這裡是全日本最大的魚市場，四周有著數不盡的壽司店和海鮮丼店，使用的都是從市場直送的新鮮海鮮。來到豐洲不吃海鮮，真的有如入寶山空手而回了！

人形燒

到淺草，一定要吃人形燒！這是淺草一帶常見的小吃，不僅味道香噴噴，而且造型特別，有些是鴿子形狀，有些是人形，更有東京地標晴空塔的人形燒呢！不要說品嚐，僅僅是看著已是相當有趣了！

芝麻蛋

東京車站的名物，外面是白巧克力和蛋糕，裡面則是芝麻內餡，層次分明，口感豐富，味道甜美，是非常棒的伴手禮！

拉麵

池袋一帶是著名的拉麵戰場，這裡有多間品質甚高的拉麵店，例如時常都排著長長人龍的無敵家，份量足，湯頭又鮮味，麵的口感極好，拉麵控絕對不能錯過！

TOKYO BANANA

來到東京必買的伴手禮，不僅形狀是可愛的香蕉，內餡也是香噴噴的香蕉口味，雖然 1000 日圓一盒並不便宜，但仍然吸引遊客大量掃貨，在機場和伴手禮店都有販售，在晴空塔更能買到特別限定的豹紋版呢！

Chapter 10
玩遍關西

有什麼推薦的關西行程嗎？

關西有什麼好玩的地方？

關西美食和名物

有什麼推薦的關西行程嗎？

關西是很多初次遊日旅客的首選目的地，因為這裡交通方便、旅遊元素豐富，既適合大人，也適合小孩；既有古色古香的寺廟，亦有時尚現代的百貨公司。在大阪，可以購物血拚，盡享美食；京都，可以在古意盎然的街道上穿梭，感受日本古雅的風情；在奈良，可以和可愛的小鹿嬉戲，探訪這個比京都更歷史悠久的古都！

關西穿梭古今之旅

在短短的五天裡，猶如走進時光隧道一樣！今天在處處摩天大廈林立，人潮熙熙攘攘的大阪，第二天已進入了古代，探訪古典優雅的建築。既可以見識日本璀璨奪目的一面，又能感受仍保存良好的傳統日本文化。

DAY 1

第一天抵達，立即前往京都，不要浪費時間，先在京都車站的地下商場 PORTA 逛逛街吧！

DAY 2

到清水寺參觀，再沿著二年坂和三年坂，徒經円山公園和八坂神社到達祇園，走走別具風情的花見小路，再搭車前往金閣寺參觀。

DAY 3

前往伏見稻荷大社，參觀壯觀的千本鳥居，再到奈良親近可愛的小鹿，參觀東大寺和春日大社。

DAY 4

到難波、心齋橋一帶逛街，接著到黑門市場享用豐富的海鮮飽餐一頓，再購買令人垂涎，鮮美欲滴的草莓，保證滿載而歸。

DAY 5

回國

關西親子同樂之旅

關西也是一個很適合親子同遊的好地方：鐵道博物館、水族館、環球影城、奈良神鹿公園等，全都是孩子們十分喜歡的地方，再加上有趣的千本鳥居，可以品嚐到美味拉麵的拉麵小路，孩子都玩得開心，父母也很盡興呢！

DAY 1

第一天到達大阪,立即坐車前往京都,在拉麵小路品嚐一碗美味拉麵。

DAY 2

前往京都鐵道博物館、京都水族館,還可以在清水寺參觀,試試和服體驗。

DAY 3

前往伏見稻荷大社,參觀壯觀的千本鳥居,再到奈良親近可愛的小鹿,參觀東大寺和春日大社。

DAY 4

整天在環球影城玩樂,跟著哈利波特一起在魔法世界冒險吧!

DAY 5

回國

京都

清水寺

清水寺在 798 年興建,後來於 1633 年經過復修,大多數建築物都以朱紅色為主。寺內有多處著名的建築:觀賞櫻花和紅葉的最佳地點清水舞台、戀人們專門造訪求得好姻緣的地主神社、遊客們都愛前來許願的音羽之滝等。在花季期間,寺廟更設有夜間參拜時段,可以**觀賞寺廟櫻花盛開,夜燈閃耀的美麗畫面。**

- ⊚ 京都市東山區清水 1-294
- ☏ 075-551-1234
- ⊘ 6:00 開門,閉館時間會依據季節和活動有所不同。
- ⊛ 日間參拜全票 300 日圓,夜間特別參拜全票 400 日圓
- ⊜ 搭乘市巴士 100/207 號,清水道站下車,沿上坡路走約 15 分鐘

官網 　　地圖

1 清水寺的入口,氣勢磅礡 2 西門的三重塔,優雅而莊嚴

祇園及花見小路

花見小路是一條兩旁都是料亭和餐廳，充滿古色古香建築的小路，每到黃昏之時，如果幸運，都可看到打扮得華麗奪目的藝妓們踏著碎步，到料亭準備開始工作的情景。還有很多遊客會變身藝妓在路上散步，能否碰到真正的藝妓就需講求運氣了。

- ⊚ 京都市東山區町南側花見小路通
- ⊛ 從京阪電車祇園四条站步行約 5 分鐘
  從市公車祇園站步行約 2 分鐘
  從阪急電車河原町步行約 10 分鐘

地圖

1 京都最重要的神社：八坂神社 2 古色古香的花見小路

錦市場

錦市場被稱為「京都的廚房」，除了販賣一些食材之外，這裡還有很多道地美食 — FUMIYA 的綠茶年輪蛋糕、三木雞卵的玉子卷、藤野家的豆乳甜甜圈、鮮魚木村的生魚片串等，琳瑯滿目的美食在等待著你來逐一嘗試！和很多市場不同，這裡非常乾淨，而且只是一條直路，十分好逛。

- ⊚ 京都府京都市中京區東魚屋町 富小路通
  四条上る西大文字町 609 番地
- ⊙ 074-222-5511
- ⊘ 9:30 ～ 18:00
- ⊛ 地下鐵四条站下車，步行約 3 分鐘

官網

地圖

1 錦市場人來人往，十分熱鬧 2 錦市場的盡頭是天滿宮

金閣寺

閣寺的原名是「鹿苑寺」，由於它的舍利殿金閣而得名金閣寺，已被列為世界文化遺產，這座大殿上的建築材料，是如假包換的真金喔！金閣的第二和第三層都是舖上了純金金箔，頂部更可見神態優美的金鳳凰！在大殿前還有一座小池塘，映照著閃閃生輝的金閣寺，構成了一幅如詩如畫的傳統日本庭園景致。

官網 　　地圖

📍 京都市北區金閣寺町 1
📞 075-461-0013
🕐 9：00 ～ 17：00
💴 成人 400 日圓、學生 300 日圓
🚌 搭乘 101 或 205 巴士（京都車站出發）或 12、59、205 號巴士（河原町出發），在金閣寺道下車，步行約 5 分鐘

閃閃生輝的金閣寺，美麗奪目

伏見稻荷大社

見稻荷大社建於 711 年，因為後來經歷大火，於 1499 年重建。來到這座神社，會發現兩大特色，第一是神社內有很多狐狸的雕像，即使是連神社的繪馬，都是以狐狸為造型。第二是在神社後面，竟有著一座座連綿不絕，像是沒有盡頭，一直延伸至山上的鳥居，這也是日本著名的千本鳥居，據說有數千之多呢！

📍 京都市伏見區深草薮之内町 68
📞 075-641-7331
🕐 全天開放
🚌 從京都站搭乘 JR 奈良線普通車至稻荷站下車（不要搭乘快速，因為快速車不會停靠伏見稻荷站），步行約 5 分鐘，或在四条河原町站搭乘京阪本線至伏見稻荷站下車

官網

地圖

1 稻荷神社最具代表性的動物：狐狸 2 連綿不絕的鳥居，你能數完有多少座嗎？

嵐山一帶

這裡有著四季不同的景致，尤其是到了紅葉季節，滿山的葉子有紅的、黃的、橙的，色彩斑爛，美不勝收！嵐山有多處值得一看的景點──莊嚴的天龍寺、優美的渡月橋、清雅的竹林、隱世的野宮神社、人們最愛聚集的嵐山公園等，景點都很集中，可以慢慢遊玩，還可以搭上古色古香的小火車遊覽嵯峨野。

📍 京都市右京區嵯峨中之島官有地
🚌 搭乘京都 28 號巴士於嵐山公園站下車 /11 號巴士於嵐山站下車 / 京福電鐵嵐山站步行約 5 分鐘

地圖

◨ 嵐山最著名的景點：渡月橋 ◨ 隱沒在竹林中的野宮神社

宇治平等院

原是平安時代權傾朝野的藤原賴通家族的別院，後來改建成充滿佛教色彩的「淨土庭園」，建築物當中最美麗、最宏偉的，當數外型像振翅而飛的鳥兒，擁有兩隻尊貴象徵的金銅鳳凰像的「鳳凰堂」。 鳳凰堂堪稱日本國寶，集合了各種工藝、繪畫、建築的精粹，就連在 10000 日圓紙鈔後面，也是以鳳凰堂為圖案！

📍 京都府宇治市宇治蓮華 116
📞 077-421-2861
🕐 8：30 ～ 17：30
💴 成人 600 日圓、高 / 中學生 400 日圓、小學生 300 日圓
🚌 搭乘 JR 奈良線至宇治站下車，步行約 10 分鐘

官網

地圖

◨ 平等院的主要建築：鳳凰堂 ◨ 鳳凰堂在前面的小湖留下美麗倒影

奈良東大寺

東 大寺在 728 年興建，除了是日本的國寶級建築物之外，更被列為世界文化遺產。寺廟由大佛殿、南大門、二月堂、三月堂及戒壇院等建築組成，其中大佛殿是必要一遊的地方，這裡是世界規模最大的木造古建築物，裡面安放著一座宏偉的佛像長 5 公尺、寬 50 公尺、高 47 公尺，是世界三大銅製佛像之一。

📍 奈良市雜司町 406-1
📞 074-222-5511
🕐 東大寺博物館：4 月～10 月 9:30～17:30、11 月～3 月 9:30～17:00
💴 成人／高中生／初中生 600 日圓、小學生 300 日圓
🚃 從 JR 奈良站步行約 20 分鐘或近鐵奈良站步行約 15 分鐘

官網

地圖

1 東大寺的大佛殿莊嚴雄偉　2 東大寺的大佛殿是世界最大的木造建築

奈良公園

整 座公園裡都是在悠然閒逛的鹿群，鹿在日本被視為是「神的使者」，因此有著很尊崇的地位。如果你到攤販買了些鹿仙貝後，牠們都會過來搶吃。除此以外，所有的紙類製品如地圖等都是牠們的搶吃目標，有些更會自行打開遊客的包包，搶走裡面的地圖，咀嚼得津津有味呢！

📍 奈良市雜司町
🚃 從 JR 奈良站步行約 20 分鐘，或從近鐵奈良站步行約 15 分鐘

地圖

1 鹿群的無辜眼神，令人的心融化了　2 在公園裡隨處可見販售鹿仙貝的攤販

南紀白濱溫泉

南紀白濱溫泉位於和歌山，是日本三大古湯之一。這裡還擁有水清沙細，海天一色的白浪濱海灘、充分表現出大自然神奇力量的三段壁和千疊敷、在日落時格外美麗的円月島等。

📍 和歌山縣西牟婁郡白浜町
🚉 在 JR 白濱站下車，各景點之間可乘坐明光巴士

官網

地圖

1 三段壁氣勢磅礴 2 千疊敷就像疊起來的榻榻米一樣

貴志貓站長列車及車站

和歌山的貴志貓列車，以貓站長小玉為主題，車內的燈和座椅都是貓咪形狀。列車會駛至一座貓型車站：貴志站，裡面有貓站長精品商店、咖啡廳及站長休息室。可惜的是，小玉站長因為年邁，在早年已經逝世，但現在來到貴志站，一樣可以欣賞到牠的接班貓：二玉站長的風采！

📍 和歌山縣紀の川市貴志川町神戶 803
💴 1 日通票成人 800 日圓、兒童 400 日圓
🚉 從和歌山市搭乘和歌山電鐵前往貴志站，約 30 分鐘

時刻表查詢

地圖

1 火車的車頭好像一隻貓咪喔 2 貓咪形狀的貴志車站

大阪

難波道頓堀

心齋橋鄰近，是大阪最熱鬧的區域，這裡商店林立，無論是白天還是晚上都是人山人海，晚上的霓紅燈招牌，更添上了金光璀璨的感覺！來到道頓堀，一定不可以錯過琳瑯滿目的美食，例如章魚燒、拉麵店、螃蟹、河豚料理、壽司店等，絕對是饕客的天堂！

📍 大阪市浪速區難波
🕐 各店舖有所不同
🚇 搭乘地鐵御堂筋線、千日前線，なんば站下車

地圖

🖼 道頓堀有很多販售章魚燒的店舖 ② 道頓堀的標誌之一：螃蟹餐廳招牌

心齋橋

齋橋是一條全長 700 公尺，共有兩百多間商店的商店街，也是大阪的血拚天堂。在這裡，能找到各種類型的店舖：衣服鞋襪、生活用品、文具精品等應有盡有，還有多間大型藥妝店、百貨公司，更有大受遊客歡迎，專門販賣各種價格便宜又種類多元商品的驚安之殿堂，和日本首間全球旗艦店 UNIQLO。

📍 大阪市中央區心齋橋筋
🚇 搭乘地鐵御堂筋線，於心齋橋站下車

地圖

🖼 位於道頓堀和心齋橋中間地區的醒目地標：GLICO 廣告板 ② 心齋橋是大阪最繁忙的商店街之一，一整天都人來人往

黑門市場

黑門市場被稱為「大阪的廚房」，位於難波和日本橋附近，給人乾淨衛生的感覺，通道也較寬闊，真的很好逛呢！在這裡可以品嚐到新鮮的生魚片、炸得香香脆脆的天婦羅、充滿美味的關東煮、挑戰膽量的河豚生魚片，還可以便宜價格，買到鮮甜又多汁的草莓喔！

📍 大阪市中央區日本橋
🚇 地下鐵千日前線日本橋站 5 號或 10 號出口，步行約 2 分鐘

官網 地圖

黑門市場的門口十分好認

環球影城

園內有不少以電影為主題的機動遊戲，例如繽紛有趣的《超級任天堂世界》、神秘魔幻的《哈利波特的魔法世界》、設有史努比、HELLO KITTY 和芝麻街三個園區的《環球奇境》等，還有各種有趣可乘坐的娛樂設施，像逗趣可愛的《小黃人調皮鬧劇乘車遊》、《冰凍激光乘車遊》、驚險萬分的《蜘蛛俠驚險歷險記》、刺激夢幻的《好萊塢美夢乘車遊》、驚心動魄的《大白鯊》、《侏羅紀公園》的飛天翼龍和乘船遊等等。

📍 大阪市此花區櫻島 2-1-33
📞 057-020-0606
🕐 每天時間不同，以官網為準
💴 一日券：成人 8400 日圓起、兒童 5400 日圓起；兩日券：成人 16600 日圓起、兒童 10500 日圓起
🚇 JR 環球影城站下車

官網

地圖

1 園內每天都有大型花車巡遊 2 跟隨蜘蛛人，一起去捉壞人吧

關西美食和名物

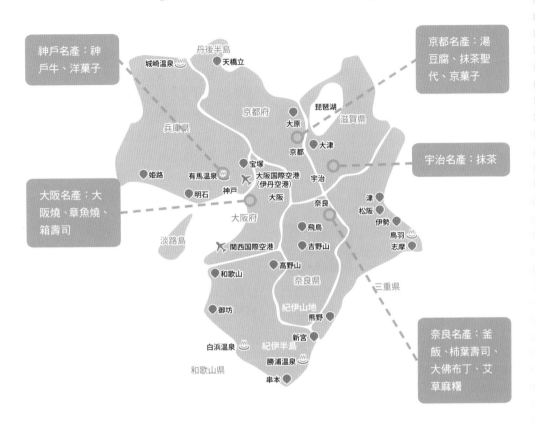

神戶名產：神戶牛、洋菓子

京都名產：湯豆腐、抹茶聖代、京菓子

大阪名產：大阪燒、章魚燒、箱壽司

宇治名產：抹茶

奈良名產：釜飯、柿葉壽司、大佛布丁、艾草麻糬

丹後半島
城崎溫泉　天橋立
京都府
兵庫縣　大原　琵琶湖　滋賀縣
大津
京都
姫路　宝塚　有馬溫泉　大阪國際空港（伊丹空港）
明石　神戶　宇治
大阪　奈良
淡路島　大阪府
関西国際空港　飛鳥　津　松阪
吉野山　伊勢
高野山　鳥羽
和歌山　奈良縣　志摩
御坊　紀伊山地　三重縣
熊野
白浜溫泉　紀伊半島　新宮
勝浦溫泉
串本　和歌山縣

抹茶甜點

京都的抹茶品質很高，特別是宇治抹茶更為聞名，很多店舖除了販售茶葉之外，也會將抹茶製成甜點，例如冰淇淋、聖代等，以茶寮都路里、祇園辻利、中村藤吉、伊藤久右衛門等最為著名。而關西一帶以抹茶製成的零食，也成了深受遊客歡迎的伴手禮呢！

豆腐料理

京都的招牌料理，材料很簡單，以京都極好品質的水製成的豆腐，再製成各種相關美食，例如湯豆腐、湯葉（即腐皮）等，別看只是簡簡單單的幾塊豆腐，這可是絕對高級的料理，一份套餐動輒要幾千日圓呢！在湯豆腐料理店中，以奧舟和順正兩間為最具代表性的名店。

章魚燒

在大阪的街頭，特別是道
頓堀一帶最常見到，將麵粉
醬放進模具裡，再放入一粒
彈牙的章魚，做成可愛的小丸子形狀，配
合著柴魚和特製的醬料一起吃，非常有道
地風味！

箱壽司

關西地區的一種壽司，
和一般握壽司的最大差別在
於，一是壓成箱子的形狀，
再來則是使用熟的魚類製成，風味和我們
平時吃的壽司很不同，值得一試！

柿葉壽司

奈良地區一種使用柿葉包
著的鯖魚壽司，味道比醋飯
更酸，十分特別，而且還有
一個特色：葉子可以連著壽司一起食用！

京懷石料理

懷石料理是高級的會席料理，由多道賣
相精美的料理組成，除了味道和食物品質
之外，也很講求視覺的享受，說懷石料理
是精緻的藝術品絕對不為過！就像一幅幅
美麗的圖畫，真的令人捨不得吃呢！京懷
石料理不便宜，一頓往往要價 10000 日圓，
但絕對是物超所值！

大阪燒

一種使用蔬菜、肉類和麵
粉漿一起放在鐵板上煎成的
燒餅，是大阪最具代表性的
平民美食，在很多餐廳都能品嚐到。

Chapter 11
玩遍北海道

有什麼推薦的北海道行程嗎？

北海道有什麼好玩的地方？

北海道美食和名物

有什麼推薦的北海道行程嗎？

如果問起日本境內最美的仙境在哪裡？我會毫不猶疑告訴你：北海道！綠油油的田野、色彩繽紛的花海、古典雅致的運河、有趣可愛的動物、陰森卻好玩的監獄，當然更少不了刺激好玩的雪上活動，還有精彩絕倫、非看不可的札幌雪祭！說了這麼多，還等什麼呢？快點計畫，前往北海道遊玩吧！如果只玩札幌一帶，5天已經足夠了；如果有7天或以上的假期，道東之旅會是很好的選擇喔！

北海道冬季之旅

冬季的北海道，一片無際的茫茫雪海，令人心醉，這也是最適合觀賞各大祭典的時間。推薦在2月前往北海道，因為札幌雪祭、層雲峽冰瀑祭、旭川冬祭、小樽的雪燈之路都是在2月舉行！還可以住宿溫泉飯店，泡個美美的露天溫泉，感受四周被白雪圍繞，身體卻被暖洋洋的溫泉水擁抱著的美妙感覺。如果同行的親朋好友喜歡動物，或是當中包括小孩，記得可以前往旭山動物園觀賞可愛的企鵝！

DAY 1
第一天到達北海道，搭乘火車前往旭川，在平和通逛逛街。

DAY 2
整天在旭山動物園遊玩，可以觀賞冬日限定的企鵝散步喔！

DAY 3
到層雲峽欣賞冰瀑祭，再泡個美美的溫泉，在溫泉酒店住宿一晚。

DAY 4
回到札幌，搭乘火車到小樽，在小樽運河遊玩，晚上前往雪燈之路，感受浪漫情懷。

DAY 5
當然少不了重頭戲：札幌雪祭！而且還可以一遊舊道廳、時計台，最後在狸小路血拚。

DAY 6
回國

北海道夏季之旅

DAY 1
第一天到達北海道，搭乘火車前往旭川，在平和通逛逛街。

DAY 2
到富良野的富田農場欣賞花海、品嚐哈蜜瓜，還可以前往起司工房製作起司。

DAY 3

到美瑛一邊騎腳踏車，一邊欣賞景色如畫的拼布之路和超廣角之路，記得試試看美瑛著名的藍爵馬鈴薯和甜美飽滿的玉米喔！

DAY 4

到旭山動物園探望可愛的動物，下午乘車前往網走。

DAY 5

參觀網走監獄，體驗一頓監獄午餐，接著到美麗的道東三湖遊覽。

DAY 6

到小樽運河遊玩，回札幌後在市內參觀舊道廳、時計台，最後在狸小路血拼。

DAY 7

回國

札幌及札幌周邊

狸小路

狸小路商店和餐廳林立，各種生活必需品和雜貨精品都有，當然也少不了購物街必備的藥妝店了！而且可在這裡購買北海道的多種名物，例如薯條三兄弟、ROYCE 巧克力、六花亭葡萄乾夾心餅、BOCCA 牛奶布丁、富良野薰衣草相關產品，甚至連阿寒湖的綠球藻和愛奴木雕都一應俱全呢！很多商店都有退稅和包箱服務，真的非常貼心周到！

📍 札幌市中央區南 2 条及南 3 条之間的街道西 1 丁目～西 7 丁目
📞 011-241-5125
🕐 店舖營業時間一般為 10：00～20：00
🚇 從地下鐵南北線大通站，步行約 3 分鐘

官網

地圖

1 狸小路的地標：著名的狸貓神社 2 狸小路商舖林立，必能滿載而歸 3 狸小路行人熙來攘往，十分熱鬧

小樽運河

小樽運河是北海道的熱門景點，懷舊的煤油燈、兩排的貨倉、蜿蜒的小河，河邊的藝術品攤販、在河堤上悠然走著的行人，構成一張完美的圖畫，也是大家常在旅遊書中看到的畫面。在運河附近，還有不少特色硝子（即玻璃）店、音樂盒店、萬花筒店等，感覺就像走進了童話世界一般！

📍 小樽市內
🚃 JR 小樽站下車，步行約 10 分鐘
🕐 493 690 444

官網

地圖

1 蜿蜒美麗的小樽運河 2 精緻如藝術品的音樂盒，是到小樽必買的紀念品

新千歲機場哆啦 A 夢樂園

樂園分為收費和免費兩個區塊。如果時間有限，又或是不想多花錢，免費園區包括乘著時光機的哆啦 A 夢、哆啦 A 夢精品店、哆啦 A 夢貼紙機和夾娃娃機等、DIY 陶瓷哆啦 A 夢製作園地、銅鑼燒滑梯、大型閱讀區等。收費區則包括大雄的房間、大家最愛聚集的空地、大家戴著竹蜻蜓在天空飛行、使用穿透環從牆裡鑽出來的哆啦 A 夢等，更有超多大家都很熟悉的道具模型。

📍 新千歲機場國內線 3 樓
🕐 10：00 ～ 17：00
💴 成人 800 日圓、初 / 高中生 500 日圓、小學生 400 日圓、3 歲以下免費
🚃 JR 新千歲機場站下車

官網

地圖

1 快來大雄的房間參觀吧
2 看！哆啦 A 夢來了

定山溪尋河童

 到定山溪，你會發現每個角落都有著河童的蹤影，包括橋上、河邊、路上、亭子裡，甚至連隱蔽的角落都有呢！另外，來到定山溪，當然也不能不泡溫泉了，在札幌站地下的巴士站，能買到巴士加溫泉的套票，可以優惠的價格，在指定的溫泉飯店裡選一間泡溫泉。

◉ 札幌站前搭乘定鐵公車，在定山溪站下車，約 50 分鐘

官網

地圖

■1 可愛的河童玩具精品 ■2 威風凜凜的河童大王

道東

釧路濕原

 路濕原是動物的搖籃，可以乘坐特別的釧路濕原號火車，一睹各種動物的生態，穿過面積廣闊的濕原，沐浴在清新的綠油油世界裡，和濕原裡的鹿群、狐狸等打聲招呼！而在冬天，更可以乘坐更具特色的蒸氣火車遊玩濕原呢！下車後，可以徒步走到著名的細岡展望台，在這裡可以將所有濕原的景色收入眼底。

◉ 鄰近 JR 釧路濕原站
◉ 4～9 月 8：30～18：00、10～3 月 9：00～17：00
◉ JR 釧路濕原站下車，沿著山坡步道向上走
◉ 149 548 566

官網

地圖

■1 釧路濕原號開往的釧路濕原站，是座可愛的木製無人小車站 ■2 一望無際，綠油油的釧路濕原

道東三湖

道東三湖即是阿寒湖、摩周湖和屈斜路湖。阿寒湖擁有充滿愛奴風情的民族街、可愛的綠球藻展示館。摩周湖的景色最美麗，長年大霧，充滿神秘感。屈斜路湖則以可自己動手挖掘的砂湯溫泉出名，冬天時更有大批天鵝來過冬，景致浪漫。

地圖

阿寒湖風光明媚

摩周湖
📍 清里町清水
🧭 第一展望台：613 781 430

阿寒湖展望台
📍 阿寒町阿寒湖溫泉
📞 154-67-3200

綠球藻展示館
📍 阿寒湖島上（乘坐遊船可達）
📞 154-67-2511
🕐 5～11月6：00～18：00
💰 成人 1900 日圓、兒童 990 日圓

美幌峠展望台
📍 弟子屈町美留和 1-570
🚌 JR 川湯溫泉站下車，乘坐網走公車，在砂湯站下車
🧭 638 225 457*22

帶廣幸福火車站

這是一座位於帶廣近郊的廢棄車站，因為名為「幸福」，當地政府便特地將它打造成一個特別的旅遊景點，大家可以和伴侶一起前來，敲響代表幸福的鐘，拿著巨型的「幸福車票」合照，將美好的願望寫在紙籤上，貼在車站的小屋裡，更可以買一張通往「幸福」的紀念車票，嘗試將幸福掌握在手裡呢！

帶廣幸福火車站
📍 帶廣市幸福町東 1 線
📞 015-565-4169（帶廣市商工觀光部觀光課）
🚌 在帶廣公車站乘坐十勝公車，於幸福站下車，步行約 6 分鐘
🧭 396 874 116

地圖

1 一起來幸福車站尋找幸福吧 **2** 敲響幸福的敲鐘，祈求帶來好運

道南

金森倉庫

一座座古雅的紅磚建築物，是在明治末期建成
的倉庫，後來改裝成商店和餐廳，這裡分為
函館歷史廣場、金森洋物館和金森 HALL，在裡面
可以找到數十間精品店、土產店和餐廳，其販售的
玻璃飾品、水晶吊燈、和式工藝品等，有如精緻的
藝術品，令人愛不釋手。

📍 函館市末廣町 14-12
📞 0138-27-5530
🕐 9:30～19:00。11:30～22:00（餐廳）
🚃 市電十字街站下車，步行約 10 分鐘

官網

地圖

1 倉庫的其中一個重要區塊：函館歷史廣場 2 赤紅色的倉庫配上鋪滿白雪的
道路，構成一幅美麗的畫面

函館朝市

來到聚集 300 多間店家的函館朝市，可以體驗
親自到池裡釣魷魚，接著即釣即食，享用豐
盛的「魷魚宴」飽餐一頓！除了魷魚之外，這裡還
有多種新鮮的海鮮，店家還提供燒烤的服務。朝市
裡還有多間食堂，可以品嚐便宜又美味的海鮮丼，
還能享用美食、享受購物，真的是滿載而歸呢！

📍 函館市若松町 9-19
📞 013-822-7981
🕐 1 月～4 月 6:00～14:00（因店鋪而
異）、5 月～12 月 5:00～14:00（因
店鋪而異）
🚃 從 JR 函館站，步行約 3 分鐘

官網

地圖

1 到海鮮店鋪即挑、即烤、即食，新鮮美味，價錢合理 2 函館朝市擁有 300
多間店舖，是北海道最著名的朝市

四季彩之丘

📍 美瑛町新星第三
📞 0166-95-2758
🕐 4月～5月・10月 9：00～17：00
　　6月～9月 8：30～18：00
　　11月 9：00～16：30
　　12月～2月 9：00～16：00
　　3月 9：00～16：30
💰 成人 500 日圓、中小學生 300 日圓
🚌 JR 美瑛站下車，搭計程車約 12 分鐘

在 進入四季彩之丘時，第一個映入眼簾的就是以稻草捲成，最廣為人知的吉祥物—ROLL君了！這裡還飼養著幾隻非常可愛的羊駝，牠們和遊客很親近，如果不怕，可以試試摸摸牠們喔！

官網

地圖

1 在羊駝牧場裡，只要付 100 日圓買些蔬菜，就可以餵飼羊駝 2 色彩繽紛的花田，是地上的彩虹

札幌雪祭

札 幌雪祭是北海道最受注目的盛事，是一個以大型雪雕為主題，再配上多項特色主題旅遊推廣活動的嘉年華會，於每年 2 月上旬在大通公園及薄野一帶舉行。大通公園的展場以大型雪雕為主，各個展場的主題不同，而薄野一帶則以冰雕為主。

📍 大通公園及薄野一帶
🕐 每年 2 月上旬
🚌 從地鐵南北線大通站，步行約 2 分鐘

官網

1 神龍活靈活現 2 平溪天燈在北海道出現

小樽雪燈之路

每 年 2 月的多個晚上，小樽都會舉行「雪燈之路」祭典，主要場地分為手宮線（一條已荒廢的火車線，位於 JR 小樽站附近）及小樽運河一帶。居民會以雪堆成一盞盞不同造型的雪燈，像是城堡、心型、卡通人物造型等，在燈內點上蠟燭，將白色的雪路映照得熠熠生輝。

📍 北海道小樽市
🕐 每年 2 月
🚉 從 JR 小樽站下車，步行約 5 分鐘

官網

地圖

1 美麗的燈光在風雪中搖曳 **2** 朦朧的雪燈，為小樽增添浪漫

層雲峽冰瀑祭

層 雲峽的冰瀑祭，採用的是由天然冰柱雕成的大型建築，例如冰屋、酒吧、神社、滑梯、城堡等。冰瀑祭的建築物都是以石狩川的水，注入不同造型的模型之中而造成，再加上全場五光十色的燈光照射，整個會場的冰造建築物都充滿了奇幻色彩！

📍 上川町層雲峽溫泉街
📞 016-582-1811
🕐 每年 1 月下旬～ 3 月下旬
　 17：00 ～ 21：30
🚌 從旭川搭乘道北巴士，約 1 小時 50 分鐘

官網

地圖

1 高雄的龍虎閣，出現在層雲峽的冰瀑祭裡！還可以前往冰造的神社許個願
2 還有台北的 101 大樓呢

旭川冬祭

在 札幌有雪祭，而在札幌雪祭進行的同時，旭川也有冬祭，冬祭以冰像及雪像為主，分為常磐公園及平和通買物公園兩個主要會場，有免費的接駁巴士來往於兩個主要場地。平和通的會場以冰雕為主，有栩栩如生的龍、晶瑩剔透的冰花，更有可愛的旋轉木馬等！

- 旭川平和通買物公園及常磐公園
- 2 月初舉行一週，舉行時間通常與札幌雪祭相同
- 從 JR 旭川站步行約 5 分鐘，兩個會場之間有免費接駁巴士

官網

地圖

1 燈光配上冰雕，更添迷離夢幻氛圍　2 晶瑩剔透的冰雕，像藝術品一樣精緻

富良野肚臍祭

- JR 富良野站附近商店街一帶
- 每年 7/28、7/29
- 從 JR 富良野站，步行約 5 分鐘

富 良野位於北海道的中心，向來有「北海道的肚臍」之稱，每年都會在 7 月 28 日及 29 日，在 JR 富良野站一帶的商店街，舉行別開生面的「北海肚臍祭」。祭典在下午由眾孩子和學生拉開序幕，紛紛在肚皮上畫上可愛臉孔，一起唱歌跳舞。到了 6 點，祭典便會正式開始，在強勁的鼓聲及祭典歌聲的伴隨之下，來自多個隊伍，有男有女，有老有幼，大家都嘻嘻哈哈地扭動著畫上可愛臉孔的肚皮，載歌載舞地狂歡一番！在慶典裡，大家可以看到各式各樣的肚皮，像是 KERORO 軍曹、哆啦 A 夢、麵包超人等，說得出的卡通人物都有！大家都瘋狂地笑著唱著，令人留下了難忘印象，難怪成為每年都吸引眾多遊客特地前來觀賞的盛事了！

官網

地圖

看！肚皮上都是一張張可愛的笑臉

北海道美食和名物

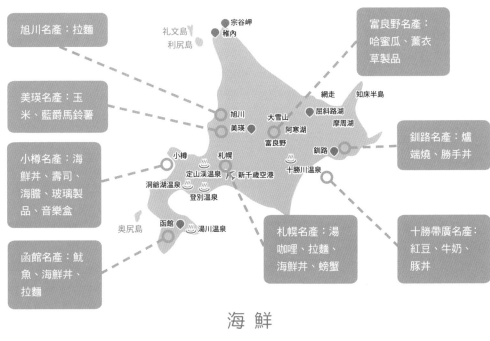

旭川名產：拉麵

美瑛名產：玉米、藍爵馬鈴薯

小樽名產：海鮮丼、壽司、海膽、玻璃製品、音樂盒

函館名產：魷魚、海鮮丼、拉麵

富良野名產：哈蜜瓜、薰衣草製品

釧路名產：爐端燒、勝手丼

十勝帶廣名產：紅豆、牛奶、豚丼

札幌名產：湯咖哩、拉麵、海鮮丼、螃蟹

礼文島　利尻島　宗谷岬　稚內
旭川　美瑛　大雪山　富良野　阿寒湖　屈斜路湖　摩周湖　網走　知床半島　釧路
小樽　札幌　定山溪溫泉　新千歲空港　十勝川溫泉
洞爺湖溫泉　登別溫泉
奧尻島　函館　湯川溫泉

海 鮮

　　來到北海道這個日本著名漁場，怎麼能不品嚐豐富又新鮮的海鮮？礼文島的馬糞海膽、積丹半島的紫海膽、函館的魷魚、小樽的八角魚，還有多種蝦類、貝類、還有三大蟹王！用這些海鮮製成的海鮮丼和壽司，每一份都豐腴誘人，最重要的是價格超級便宜！只要1000多日圓便能品嚐到材料豐富得要滿溢的海鮮丼，不吃又怎麼對得起自己？

各地代表產品

　　如定山溪的河童、富良野的薰衣草、阿寒湖的綠球藻、釧路的丹頂鶴、網走的監獄精品、小樽的硝子和音樂盒等，每個地方都有相關的代表產品，而且很多都是地區限定呢！

水 果

　　說起水果，怎麼能不提到富良野和夕張的哈蜜瓜？鮮甜香嫩又多汁，這人間極品只在北海道有！

蔬 菜

　　因為氣候怡人，美瑛和富良野一帶的藍爵馬鈴薯、南瓜、玉米，十勝的紅豆等，簡簡單單的蔬菜好比是天堂才有的美味！這些蔬菜製成的札幌名菜——湯咖哩，滋味更是令人難忘！

拉 麵

　　北海道有三大著名拉麵——函館的鹽味拉麵、旭川的醬油拉麵及札幌的味噌拉麵，風味各有不同，各有各的支持者，三種拉麵都能在札幌吃到。來到北海道，當然要將這三種名物一網打盡！

各式零食

　　北海道是個零食天堂，許多遊客每次旅行都會一箱一箱的搬回來，例如薯條三兄弟、ROYCE 巧克力、六花亭葡萄乾夾心餅乾、北菓樓的妖精之森年輪蛋糕、LETAO 起司蛋糕、哈蜜瓜巧克力及牛奶糖、玉米巧克力、三方六年輪蛋糕等，讓人怎麼買也買不完！

奶類製品

　　北海道的奶類製品也很著名，奶類製品如起司、牛奶布丁、牛奶冰淇淋等都很美味。想要享用優質的牛奶十分容易，在便利商店都能隨時買到，更重要的是價格絕對不貴，當然要試試！

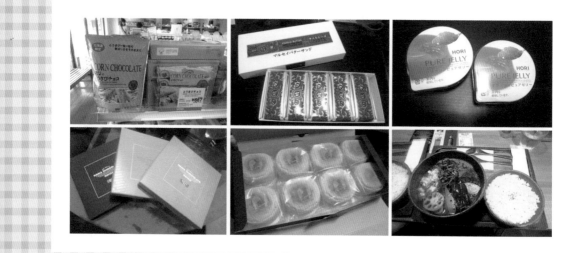

Chapter 12
玩遍九州

〜〜〜〜〜〜〜

有什麼推薦的九州行程嗎？
九州有什麼好玩的地方？
九州美食和名物

有什麼推薦的九州行程嗎？

九 州美麗如畫的風景、歷史悠久的名城、各式各樣的溫泉、有趣知性的動物園，還可以親眼一睹熊本熊部長的風采呢！如果時間有限，可以來場北九州之旅，暢遊福岡、門司港、熊本、別府、由布院、長崎等地，如果時間充裕更可以長驅直下，進軍充滿南國風情的宮崎和鹿兒島！

九州吃喝玩樂之旅

在短短 5 天裡，吃盡九州最具代表的美食、享受溫泉、到訪名城、親近熊本熊、看博物館，盡情吃喝玩樂，盡享九州旅遊的精華！

DAY 1

第一天到達福岡，先前往中州著名的屋台街享受美食。

DAY 2

搭車到由布院，在溫泉街散步，享受溫泉，再搭車前往別府，一訪別具特色的別府八獄，品嚐地獄蒸料理。

DAY 3

去熊本城參觀，到 KUMAMON SQUARE 探望可愛的熊本熊，接著在上下通町筋逛街。

DAY 4

回福岡，先到門司港，參觀有趣的鐵道博物館，再回到福岡，前往中州屋台吃美食，再到天神一帶購物。

DAY 5

回國

宮崎縣

鬼之洗濯板

鬼 之洗濯板位於青島附近，在 1934 年被列入國家天然紀念物，由於長年受到海浪拍打，青島附近一帶的岩石被沖成如同洗衣板一樣的橫條紋形狀，覆蓋範圍甚廣，形狀奇特，令人嘖嘖稱奇！因為被認為是鬼神洗衣服的地方，又被稱為「鬼之洗濯板」。

📍 宮崎縣宮崎市青島
🚉 從 JR 青島站徒步約 10 分鐘

官網

地圖

鬼之洗濯板，看上去真的像洗衣板一樣呢

SUN MESSE 復活節島摩艾像

日本的日南海岸有世上唯一獲智利復活島長老會認可而建的仿製品，因為日本曾經協助復活島重建，因此獲授權複製摩艾像，不知情的人，看到這一排排壯觀的摩艾像時，還以為自己置身於復活島呢！

📍 宮崎縣日南市大字宮浦 2650
📞 098-729-1900
🕐 9：30～17：00
🚫 週三
💰 成人 800 日圓、中學生 500 日圓、4 歲以上兒童 350 日圓

官網

地圖

1 摩艾像氣勢磅礴的佇立著 2 色彩繽紛，充滿南美風情的瓷磚

志布志灣大黑海豚樂園

這裡的最大特色是可以極親民的價格親近小動物！和小企鵝一起散步不另收費，只需要花 100 日圓就能餵食小企鵝，另外，只要花 500 日圓，就能親吻或觸摸海豚！

- 📍 宮崎縣串間市大字高松 1481-3
- 📞 098-727-2939
- 🕐 10:00～17：00
- 💴 成人 1500 日圓、小中學生 1000 日圓、未就學幼兒 700 日圓、兩歲以下免費

官網

地圖

1 看！可愛的小企鵝在巡遊呢 2 靈巧活潑的海豚表演相當精彩

熊本縣

熊本城

與姬路城、名古屋城並列日本三大名城，由大將豐臣秀吉的手下加藤清正於 1607 年興建，是一座經歷了重重戰火卻歷久不衰的牢固城堡。在西南戰爭中曾被圍困 50 天而不破。因為大天守閣和小天守閣遭受火劫而需要重建，但糧倉及儲放武器的地方仍然完整。

＊註：熊本城由於在地震中受損，暫停開放，只可外圍觀看。

- 📍 熊本縣熊本市中央區本丸 1-1
- 📞 096-352-5900
- 🕐 9：00～17：00（最後入場時間 16：30）
- 🚫 12/29～12/31
- 💴 成人 800 日圓、小中學生 300 日圓、未就學兒童免費

官網

地圖

1 熊本城附近的古典商店街：櫻小路城彩宛，可以找到很多有關熊本熊的精品呢 2 熊本城是日本三大名城之一

KUMAMON SQUARE

熊　本熊貴為熊本的營業部長，擁有特別的辦公室—KUMAMON SQUARE，位於熊本的鶴屋百貨的地下樓層。在這裡，大家可以找到熊本熊的辦公桌、他和其他吉祥物的合照、小朋友筆下的熊本熊、還有多種熊本熊的精品喔！在每天的 11 點（在某些日子也包括下午 3 點）是熊本熊與大家的親密接觸時間，這時熊本熊會親自表演唱歌跳舞，與眾粉絲同樂！

📍 熊本市中央區手取本町 8 番 2 号
　（鶴屋百貨店東館一樓）
📞 096-327-9066
🕐 10：00 ～ 19：00
🚇 熊本市電水道町站下車，步行約 10 分鐘

官網

地圖

1 熊本熊的專用辦公室
2 可愛的熊本熊每天都會到辦公室和大家見面

大分縣

由布院

由　布院被認為是最受女性歡迎的溫泉。很多遊客都會選擇搭乘由布院之森火車前來，作一次日歸（即日來回）的小旅行。在由布院，除了能享受面對著由布岳，風景如畫的溫泉之外，更有多間特色小店林立的溫泉街、坐擁無敵美景的金鱗湖、充滿個性的博物館（例如電動車博物館）。

📍 大分縣由布市湯布院町上
🚇 從福岡搭乘由布院之森火車，在由布院站下車

官網

地圖

1 風光如詩如畫的金鱗湖 2 可以一邊欣賞由布岳的景色，一邊泡個暖呼呼的日歸溫泉

別府地獄

別府擁有著名的八大地獄，每座地獄都各具特色，例如因為附近都是紅土，溶解後令泉水變成嚇人赤色的「血池地獄」；八座地獄中面積最大，呈現美麗藍色的「海地獄」；每隔一段時間便會噴發一次，像水龍卷一樣的「龍卷地獄」等。

- ◎ 大分縣別府市大字鉄輪
- ☎ 0977-661-577（別府地獄組合）
- ◷ 8：00 ～ 17：00
- ¥ 共通參觀券成人（高中以上）2,000 日圓、兒童（中小學生）1,000 日圓

官網

地圖

1 到別府，怎麼能不試試原汁原味的「別府蒸」（即是不加調味料，利用地獄的蒸氣將食物煮熟）2 紅色的血池地獄，令人望而生畏

福岡縣

福岡塔

福岡塔是全福岡市最高的建築物，234 公尺的高塔座落於福岡市中，成了市內著名的地標。其外牆以 8000 塊半反射鏡面構成，外型十分獨特，充滿著時尚的感覺。遊客可以乘坐特快電梯，快速登上 123 公尺高的高台，在這裡，可以居高臨下，在展望台以 360 度視野眺望福岡市內的景色。

- ◎ 福岡縣福岡市早良區百道浜 2-3 -26
- ☎ 092-823-0234
- ◷ 9：30 ～ 22：00
- ㊡ 6月最後一個週一及週二
- ¥ 成人 800 日圓、中小學生 500 日圓、4 歲以上 200 日圓、65 歲以上 720 日圓
- ㊂ 302、305、306、307 或 312 號巴士，福岡タワーＴＮＣ放送会館前站下車

官網

地圖

福岡塔高聳入雲

中州屋台

屋台文化是日本的傳統文化，而提起日本的屋台，一定要提到九州福岡中州地區的屋台。這一帶每到晚上都會十分熱鬧，人來人往，不少饕客都愛來覓食，除了因為食物好吃，價錢合理外，最重要的原因是風味夠特別！在這裡可以坐在廚師面前，一邊看著他準備食物，一邊聊天，也可以和一些本來不相識的客人談天說地，結交朋友。這裡的食物都是以九州的名物為主，當然少不了拉麵、明太子和餃子了！有些屋台還有一些很特別的料理，像明太子卷、炒拉麵等。福岡的屋台多集中在中州一帶，而在天神區也有不少，都是在黃昏才開始營業的，大家不妨把這裡排進行程表裡，好好感受和體驗特別的屋台文化吧！

📍 福岡中州地區
🕐 大多數屋台在黃昏開始營業
🚇 地鐵中州川端站下車，步行約 10 分鐘

地圖

1 中州屋台很受遊人歡迎 2 屋台越晚越是熱鬧 3 充滿特色的屋台小吃：炒拉麵

九州美食和名物

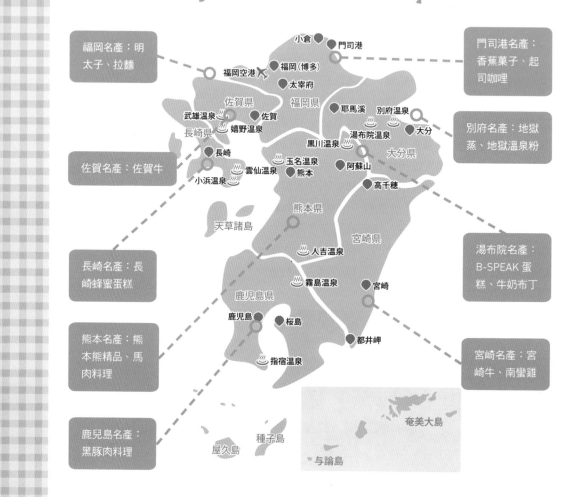

福岡名產：明太子、拉麵

門司港名產：香蕉菓子、起司咖哩

別府名產：地獄蒸、地獄溫泉粉

佐賀名產：佐賀牛

湯布院名產：B-SPEAK 蛋糕、牛奶布丁

長崎名產：長崎蜂蜜蛋糕

宮崎名產：宮崎牛、南蠻雞

熊本名產：熊本熊精品、馬肉料理

鹿兒島名產：黑豚肉料理

小倉　門司港　福岡空港　福岡（博多）　太宰府　佐賀縣　福岡縣　耶馬溪　別府溫泉　武雄溫泉　佐賀　嬉野溫泉　長崎縣　湯布院溫泉　大分　黑川溫泉　大分縣　長崎　雲仙溫泉　玉名溫泉　熊本　阿蘇山　小浜溫泉　高千穗　熊本縣　天草諸島　宮崎縣　人吉溫泉　霧島溫泉　宮崎　鹿児島縣　鹿児島　桜島　都井岬　指宿溫泉　奄美大島　種子島　屋久島　与論島

拉麵

　　來到博多（即福岡），當然不能不吃拉麵了！在日本拉麵界裡，博多的豚骨拉麵穩佔著非常重要的席位！使用充滿濃厚香味的豬骨熬成的湯底，實在令人欲罷不能！除了博多以外，熊本的蒜味拉麵亦相當獨特，值得一試！

明太子

　　明太子其實是一種魚類的卵，再加上香料及辣椒醬醃製而成，在福岡很多店舖都能買到明太子的相關零食，像是仙貝、百力滋等，許多福岡的屋台都供應明太子玉子卷，餐廳也有提供明太子飯等美食。

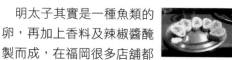

熊本熊精品

去到熊本熊的故鄉熊本，當然要購買可愛的熊本熊精品！文具、廚具、生活雜貨、衣服、零食，貨品類型五花八門、琳瑯滿目，特別在熊本市的熊本縣物產館和熊本城附近的櫻小路城彩宛商店街，都能買到大量熊本熊相關的周邊產品！

強棒麵

長崎在地料理，據說是四海樓老闆為了讓學生飽餐而設計的，用料非常豐富，例如蛋絲、蔬菜、肉絲、鮮蝦等，麵的份量十足，價格也很親民，不到 1000 日圓就能吃飽了。

溫泉粉

九州有不少著名溫泉，泡得意猶未盡，想回家繼續享用嗎？很多溫泉鄉如別府都有販售溫泉粉，可以買回家 DIY 製造溫泉呢！

佐賀牛

名氣非常高，品質極佳的牛肉，產自佐賀縣，最適合燒烤食用。牛肉油脂分布適中，一咬即融化，肉汁豐富，口感一流，實在是人間極品！

長崎蜂蜜蛋糕

長崎因為曾經是外國人的聚居地，飲食文化深受西方影響，這款蜂蜜蛋糕可說是長崎最受歡迎的伴手禮，口感鬆軟，甜度適中，有文明堂、福砂屋等著名品牌，在各大百貨公司及長崎多個地方都能買到。

南蠻雞

宮崎一帶的 B 級美食，非常道地，價格又親民，炸得酥脆的雞塊，配上特製的醬油，簡直是完美的搭配！

Chapter 13
玩遍山陰山陽

有什麼推薦的山陰山陽行程嗎？

山陰山陽有什麼好玩的地方？

山陰山陽美食和名物

有什麼推薦的山陰山陽行程嗎？

關西？去過了！東京？也去過了！九州？早就玩過了！北海道？去過不知多少遍了！日本還有其他好玩的地方嗎？可以肯定地告訴你：當然有！而且還多著呢！不說其他，就在這山陰山陽地區，就玩不完了！山陰山陽是指廣島、岡山、鳥取、島根及山口五縣的地區，旅遊元素和其他地區相比不遑多讓！到廣島看歷史遺址；到宮島看海中大鳥居；到岡山品嚐白桃、遊岡山城；到鳥取遊砂丘、探望鬼太郎；到島根參拜出雲大社、探訪可愛動物。以廣島為出發點，向東直往岡山，再北上鳥取，再移往島根，最後回到廣島，大約 5～7 天就已足夠了！

山陰山陽多姿多彩之旅

雖然只有 6 天，但這個旅程已包含了山陰山陽最精彩的地方了！有古蹟（岡山城）、風景（倉敷）、有趣博物館（招財貓美術館）、自然奇景（鳥取砂丘）、彩色花海（花迴廊）、著名地標（海中大鳥居）、可愛動物（宮島小鹿），還能盡情享用廣島燒、岡山白桃、鳥取二十世紀梨、宮島燒牡蠣等美食！即使去過日本多次，也能在這裡找到樂趣！

DAY 1
第一天到達廣島，可先到燒餅屋台村享受一頓美味的廣島燒！

DAY 2
前往岡山，到招財貓博物館探望可愛的招財貓，再到岡山城和後樂園參觀，接著前往倉敷，感受水鄉風情。

DAY 3
出發前往鳥取，在鳥取沙丘和沙雕美術館參觀，感受黃沙的浩瀚壯觀。再前往境港，和《鬼太郎》裡的妖怪有個約會。

DAY 4
到米子附近的花迴廊欣賞美麗的花海，下午到大山牧場和水豚親近，再乘車前往廣島。

DAY 5
早上到宮島的嚴島神社海中大鳥居參觀，和可愛的小鹿玩，下午回到廣島市中心，參觀原爆紀念館，在本通商店街血拚。

DAY6
回國

岡山縣

岡山後樂園

岡山後樂園是日本三大名園之一，占地130000平方公尺，美景處處，環境清幽，一片翠綠、假山假石，再加上小橋流水、庭台樓閣，更有可以讓遊客悠閒品茶的茶屋。置身其中，猶如身在桃花源一樣，煩惱全消。

📍 岡山縣岡山市北區後樂園 1-5
📞 086-272-1148
🕐 3/20 ～ 9/30 的 7：30 ～ 18：00（最後入場 17：45）
10/1 ～ 3/19 的 8：00 ～ 17：00（最後入場 16：45）
💰 成人 410 日圓、65 歲或以上老年人 140 日圓
🚃 JR 岡山站下車，步行 25 分鐘，或搭乘岡電巴士 15、18 號（藤原団地方向），在後樂園站下車，步行 1 分鐘

官網

地圖

1 小橋流水，後樂園景致優雅　2 可以在後樂園入口的殘夢軒享用桃子冰

招財貓美術館

這裡共收藏了七百多隻，來自日本各地的招財貓！這麼多招財貓一起招財，當然是日本最多錢財的地方啦！這裡有著各種類型的招財貓，畫的、瓷器的、木制的、傳統日式的、可愛路線的、埃及高貴型的，真的什麼類型都有！為愛貓之人必訪之地！

📍 岡山縣岡山市北區金山寺 865-1
📞 086-228-3301
🕐 10：00 ～ 17：00（最後入場 16：30）
🚫 週三、年底
💰 600 日圓、中小學生 300 日圓
🚃 在 JR 備前原站下車，搭計程車 9 分鐘、從 JR 岡山站搭計程車 20 分鐘

官網

地圖

1 招財貓果然能招來很多金子呢　2 考考你的眼力，能找到多少種招財貓

鳥取縣

鳥取花迴廊

這 裡占地 50 公頃，由一道長長的迴廊串連著，遊客可以漫步在迴廊之中，不用擔心風吹日曬，悠閒寫意的欣賞美麗的植物，而這裡的花兒也絕不比富良野遜色呢！充滿活力的向日葵、花枝招展的玫瑰、充滿夢幻氛圍的薰衣草，構成了一張張美麗的地氈。

📍 鳥取縣西伯郡南部町鶴田 110
📞 085-948-3030
🕐 4 月～10 月 9：00～17：00、12 月～1 月點燈期間 13：00～21：00、11 月和 1 月 9：00～16：30
🚫 12 月～2 月逢週二休館（不包括彩燈亮日）
💴 成人 4～6 月 1000 日圓、7～11 月 800 日圓、12～2 月 500 日圓；小學生和初中生 4～6 月 500 日圓、7～11 月 400 日圓、12 月～2 月 250 日圓）
🚌 在 JR 米子站乘坐免費接駁巴士可抵達

官網

地圖

1 像彩虹一樣的花海，美麗如畫 2 公園裡有幾座大溫室，栽種著各種奇花異草

島根縣

松江花鳥園

這 公園最大的特色就是英姿勃勃的貓頭鷹，總共有十多隻，還有很多可愛的鳥類，例如企鵝、大嘴鳥、鸚鵡等，遊客只要花 100 日圓買一小杯鳥食，就能感受大嘴鳥飛到手上進食，和牠一起親密拍照的幸福滋味了！在特定時間，更有企鵝巡遊表演、貓頭鷹表演等。

📍 島根縣松江市大垣町 52
📞 085-288-9800
🕐 4 月～9 月 9：00～17：30（最後入場 16：45）
10 月～3 月 9：00～17：00（最後入場 16：15）
💴 外國人成人 1050 日圓、兒童 530 日圓、就學前幼兒免費
🚌 JR 松江站下車，乘坐一畑電車於松江フォーゲルパーク站下車，步行 1 分鐘

官網

地圖

1 小企鵝在雄糾糾的巡邏喔 2 當然少不了英姿勃勃的貓頭鷹

出雲大社

因 為供奉的是地位最高的神靈：大國主大神，這裡是全日本最大，擁有最大鳥居的神社，也是來到出雲必要一訪的古蹟，最具代表的標誌是巨型的注連繩。為了表示對大國主大神的尊敬，這裡採用的是全日本唯一的「二禮、四拍手、一禮」參拜方式，比其他神社多拍兩次手。

📍 島根縣出雲市大社町杵築東 195
📞 0853-53-3100
🕐 8：30～17：00
💴 普通參觀免費，寶物殿成人 300 日圓、中小學生 100 日圓
🚃 搭乘一畑電車，於出雲大社前站下車徒步約 10 分鐘

官網

地圖

1 出雲大社表參道上的鳥居 **2** 出雲大社的標誌：巨型的注連繩

廣島縣

原爆圓頂屋及平和紀念公園

這 間圓頂屋原身是廣島縣產業獎勵館，在原爆後，很多建築物都被摧毀，而圓頂屋的圓頂部分卻仍然屹立不倒，但因為屋內很多地方都已破損不堪，遊客不能進入，只能在外參觀。圓頂屋在 1996 年被列為世界文化遺產，與宮島的嚴島神社都是廣島最具代表性的建築。

📍 廣島縣廣島市中區大手町 1-10
📞 082-242-7831
🚃 JR 廣島站下車，乘坐廣島電鐵 2 號或 6 號線，在原爆ドーム前站下車

官網

地圖

1 原爆圓頂屋遺址，向後人訴説著戰爭的殘酷 **2** 人們敲響和平鐘，祈求世界和平

嚴島神社

嚴島神社在 593 年建造，歷史相當悠久。到達宮島碼頭後，還看到一條大道，大道上到處都是悠然自得的小鹿。沿著這條大道，會到達嚴島神社，神社有著美麗的朱紅色迴廊，當然還有最受矚目的海中大鳥居了！在潮漲時，鳥居處於水中，景觀特別，別有一番風情；等到潮退時，還可以徒步走到鳥居之下，感受鳥居的雄偉呢！

📍 廣島縣廿日市市宮島町 1-1
📞 082-944-2020
🕐 依月份而不同，詳見官網
💴 成人 300 日圓、高中生 200 日圓、中學生 100 日圓
🚃 從廣島市電宮島口站步行約 10 分鐘到碼頭，坐渡輪前往

官網

地圖

1 在宮島隨處可見可愛的鹿群 2 潮漲時的海中大鳥居

兔子島（大久野島）

在戰爭時期，這裡曾是化學武器工場，後來引入 8 隻兔子，之後兔子在這裡大量繁殖。因為島上的人煙仍然稀少，造就了一個無人騷擾的環境，讓兔子安心居住。現在很多人來到大久野島，大都是為了感受被大批兔子包圍的滋味而來，兔子最集中的地方在碼頭和渡假飯店附近。

📍 竹原市忠海町大久野島
📞 0846-260-100
🚃 JR 忠海站下車，出站後右轉，跟著指示牌走到碼頭，約 15 分鐘，再乘船前往，船程約 15 分鐘

大久野島船班表

地圖

1 為了得到食物，兔子一點都不怕生呢 2 大人小孩都享受著餵食兔子的樂趣

山陰山陽美食和名物

廣島名產：廣島燒、沾麵、檸檬

宮島名產：木杓子、楓葉饅頭、牡蠣

鳥取名產：鬼太郎精品、二十世紀梨

岡山名產：岡山散壽司、白桃、桃太郎精品

隱岐諸島

鳥取県
松江　皆生溫泉　鳥取砂丘
出雲　宍道湖　　鳥取
　　　玉造溫泉　米子　三朝溫泉
鳥根県　　　　　大山
石見
　　　　　　　岡山県
広島県　　　岡山
　　　　倉敷
山口県　津和野　　瀬戸大橋
萩　　　広島　尾道
山口　　宮島　　至香川県（四国地區）
湯田溫泉
下関

檸檬及相關食品

　瀨戶內海除了是著名的漁場之外，也盛產鮮美多汁的檸檬，來到廣島，不論是在土特產店還是百貨公司，都能找到各式各樣和檸檬相關的食品，例如檸檬餅、檸檬酒、檸檬果醬等，價格並不貴，很適合當作伴手禮贈送親友呢！

岡山白桃

　岡山是桃太郎的故鄉，也是盛產白桃的水果天堂，這裡的白桃又大又多汁，甜美度爆表，絕對非試不可！推薦使用白桃製成的白桃冰，還有在多間甜品店都能品嚐到的白桃聖代！不怕重的遊客，甚至可以將一整盒的新鮮白桃買回家！

宮島燒牡蠣

　宮島的牡蠣產量豐富，來到宮島，在街頭時常可以看到烤牡蠣的餐廳，牡蠣鮮甜又美味，那香噴噴的味道真的很誘人呢！

吉備糰子

　一種糯米製成的糰子，是桃太郎收復惡鬼所用的，包裝可愛，口感 QQ 的非常好吃，你也可以買來「收服」好朋友喔！

廣島燒

是一種使用蔬菜和肉類，和麵粉漿一起煎成的燒餅，和大阪燒差不多，但並不是將所有材料全部混在一起放在鐵板上，而是按部就班地將食材慢慢堆疊起來燒，但兩者都有一共同點：口感多樣，材料豐富，滋味極佳！如果想將廣島燒帶回家，也可以在伴手禮店買到禮盒包裝喔！

二十世紀梨

説山陰山陽是水果之國絕不為過，除了白桃和檸檬之外，鳥取一帶以鮮甜美味的二十世紀梨出名，甚至還設有一間專門介紹二十世紀梨的博物館！在這裡，除了可前往果園摘取新鮮的梨子之外，也可試試梨製的咖哩和冰淇淋，都十分有風味喔！

木杓子

木杓子即是木匙，是宮島的名物，在表參道的紀念品店可以常見到，在表參道還能找到一隻全世界最大的木杓子！人們都會在杓子上刻上美好祝願，祈求願望成真。

楓葉饅頭

在宮島的大小店舖都能買到，是一種富有特色的美麗和菓子，外型像一片紅色的楓葉，裡面包著豆沙、抹茶等餡料，一口咬下去，鬆軟可口，是來到宮島必買的伴手禮！

岡山散壽司

和一般吃到的手握壽司不同，岡山散壽司是將十多種豐富的材料，豪邁地鋪在壽司飯上，不僅賣相佳，用料也很新鮮，真的很棒！

Chapter 14
附 錄

～～～～～～～～

日本主要地區景點英文對照表

日語漢字對照表

JR 東日本路線圖

東京都內地鐵路線圖

東京山手線路線圖

JR 西日本路線圖

大阪地鐵路線圖

京都地鐵路線圖

北海道 JR 路線圖

札幌市地鐵路線圖

函館市內電車路線圖

九州 JR 路線圖

福岡市內地鐵路線圖

山陰 JR 路線圖

山陽 JR 路線圖

廣島市內電車路線圖

關東地區

東京	Tokyo
新宿	Shinjuku
原宿	Harajuku
銀座	Ginza
涉谷	Shibuya
上野	Ueno
池袋	Ikebukuro
淺草	Asakusa
秋葉原	Akihabara
六本木	Roppongi
箱根	Kakone
橫濱	Yokohama
富士山	Fujiyama

九州地區

福岡	Fukuoka
太宰府	Daeaifu
北九州市	Kitakyushu
湯布院（即由布院）	Yufuin
別府	Beppu
大分	Oita
熊本	Kumamoto
阿蘇	Aso
長崎	Nagasaki
佐世保	Sasebo
宮崎	Miyazaki
日南海岸	Nichinan-hanto
鹿兒島	Kagoshima
櫻島	Sakurajima
佐賀	Saga

東北地區

仙台	Sendai
松島	Matsushima
青森	Aomori
銀山	Ginzan
山形	Yamagata
秋田	Akita
豬苗代	Inawashiro

關西地區

大阪	Osaka
梅田	Umeda
難波	Nanba
道頓堀	Dontonburi
心齋橋	Shinsaibashi
天王寺	Tennoji
新大阪	Shinosaka
京都	Kyoto
河原町	Kawaramachi
祇園	Gion
清水寺	Kiyomizu-dera
嵐山	Arashiyama
宇治	Uji
伏見	Fushimi
奈良	Nara
神戶	Kobe
和歌山	Wakayama
白濱	Shirahama

山陰山陽地區

廣島	Hiroshima
宮島	Miyajima
尾道	Onomichi
岡山	Okayama
倉敷	Kurashiki
鳥取	Tottori
米子	Yonago
境港	Sakaiminato
松江	Matsue
出雲	Izumo

四國地區

高松	Takamatsu
松山	Matsuyama
德島	Tokushima
鳴門	Naruto
愛媛	Ehime
高知	Kochi
香川	Kagawa

北海道地區

札幌	Sapporo
小樽	Otaru
定山溪	Jozankei
登別	Noboribetsu
洞爺湖	Toyako
函館	Hakodate
旭川	Akahikawa
富良野	Furano
美瑛	Biei
層雲峽	Sounkyo
網走	Abashiri
知床	Shiretoko
阿寒	Akan
釧路	Kushiro
帶廣	Obihiro
十勝	Tokchi

中部地區

名古屋	Nagoya
金澤	Kanazawa
岐阜	Gifu
富山	Toyama
高山	Takayama
立山	Tateyama
黑部	Kurobe

沖繩地區

那霸	Naha
首里	Shuri
讀谷	Yomitan
名護	Nago
恩納	Onna
石垣	Ishigaki
宮古	Miyako

日語中有很多漢字，對於以中文為母語的旅客而言非常方便，
但這些漢字也有其獨特的意思，以下為大家歸納一些常用的日語漢字及意思對照。

住宿	
一泊二食	一晚住宿，早餐及晚餐
素泊	住宿，不包餐
朝食	早餐
和室	日本傳統的房間（榻榻米）
洋室	西式房間（床）
部屋	房間
子供	兒童

購物	
割引	折扣
TAX FREE	免稅
稅別	不含稅的價錢
本体	商品的原本價錢（不含稅）
稅込	含稅的價錢，也就是顧客應付的價錢
安／激安	便宜／非常便宜
階	樓層
衣替え	更衣
一休み	休息片刻
足袋	襪子

交通	
駅	車站
片道	單程
往復	來回
周遊券	可以在一段特定時間內隨意乘坐某種交通工具的交通票券
自由席	可以自由就坐的座位
指定席	有劃位的指定座位
改札口	驗票口
精算機	補票機
IC	儲值卡
以降	以後
時刻表	時間表
運賃	車資
駅員	車站工作人員
駅弁	車站販賣的便當

其他	
引	拉
按	推
御手洗	洗手間
無料案內所	免費諮詢處（有時指色情場所）
筋	路
町	區
市街	城鎮
挨拶	寒暄
病院	醫院
番號	號碼
旅券	護照
映写	放映

用餐	
滿喫	充分享受
放題	吃到飽
和菓子	日式糖果餅乾
洋菓子	西式糖果餅乾
著	筷子
握り飯	飯糰
飴	糖果
卵	雞蛋
炊	粥
鳥	雞
豚	豬
替玉	加大麵的份量

日語漢字對照表

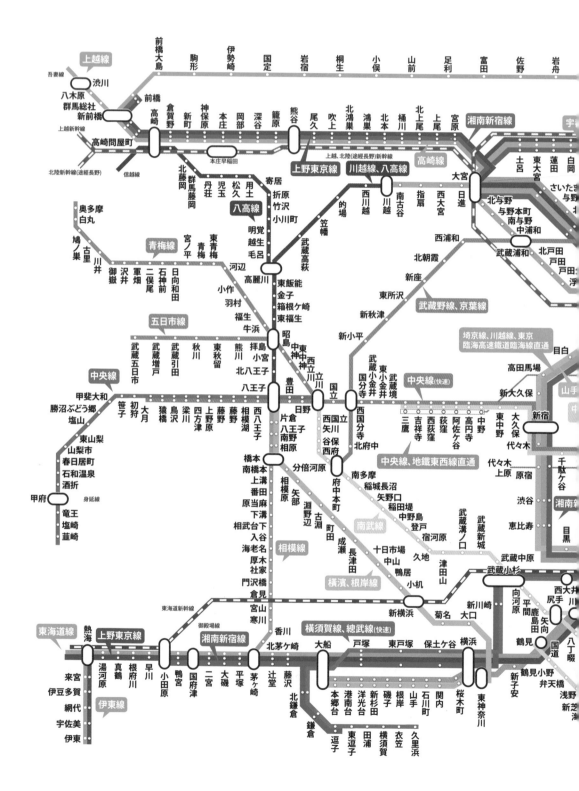

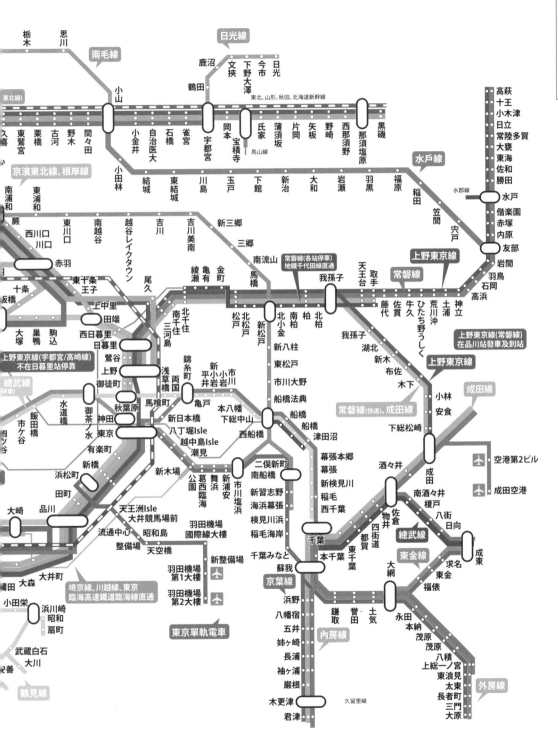

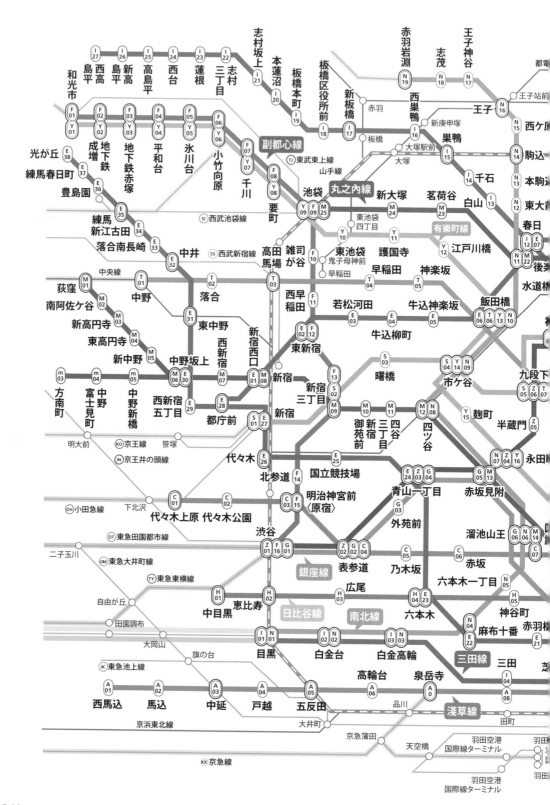

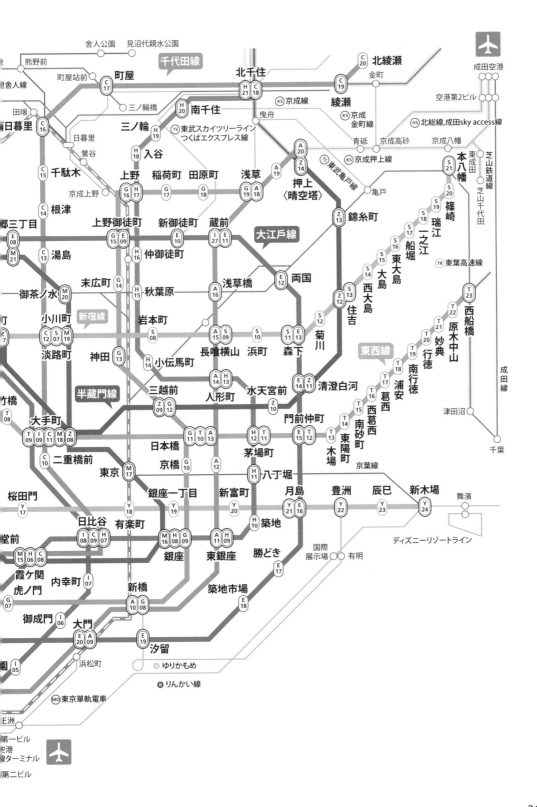

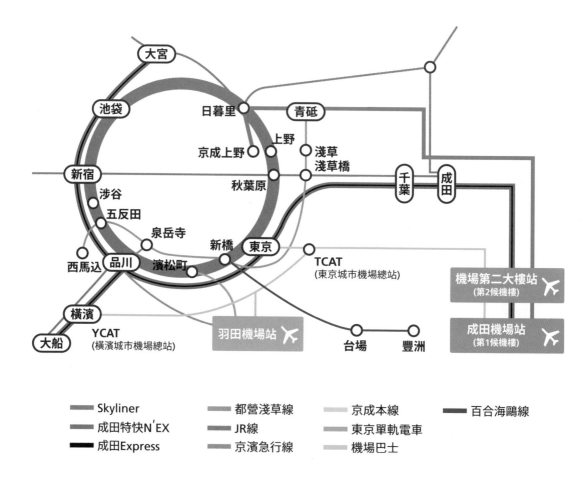

大宮

池袋

日暮里　青砥

上野
京成上野　淺草
　　　　　淺草橋

新宿　　　　　秋葉原　　　千葉　成田

渉谷
五反田　　泉岳寺
　　　　　　新橋　東京
西馬込　品川　濱松町　　　TCAT
　　　　　　　　　　　　(東京城市機場總站)

横濱

大船　YCAT　羽田機場站　台場　豊洲
　　　(橫濱城市機場總站)

機場第二大樓站
(第2候機樓)

成田機場站
(第1候機樓)

▬	Skyliner	▬	都營淺草線	▬	京成本線	▬	百合海鷗線
▬	成田特快N'EX	▬	JR線	▬	東京單軌電車		
▬	成田Express	▬	京濱急行線	▬	機場巴士		

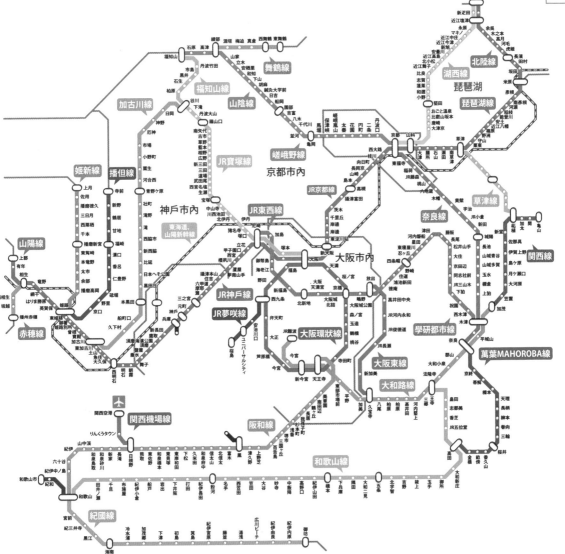

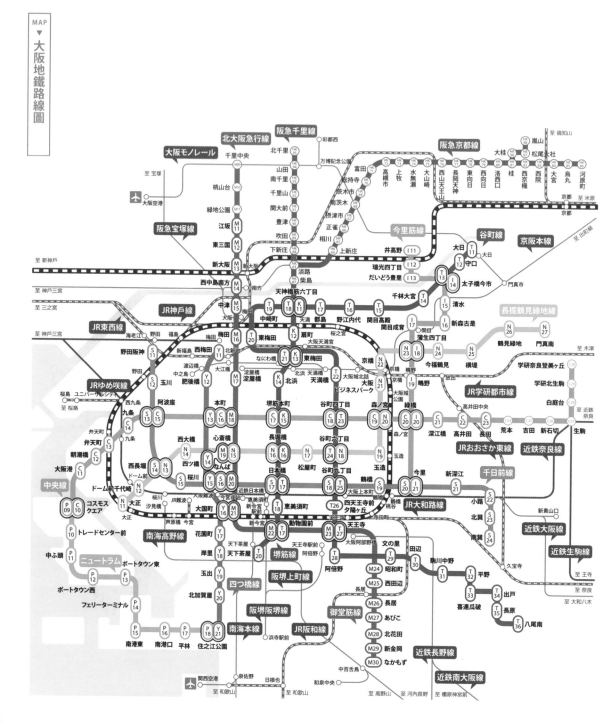

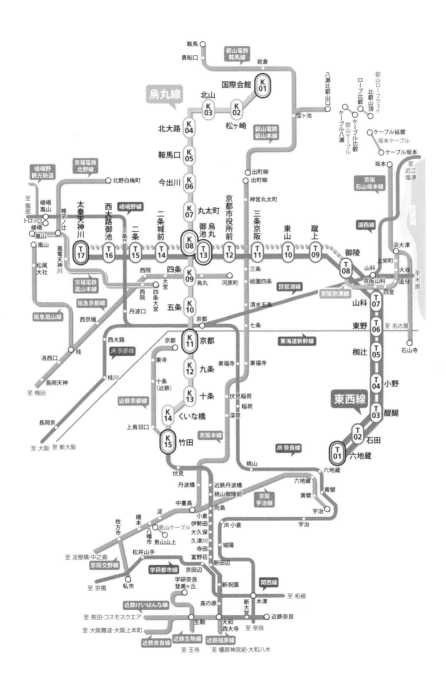

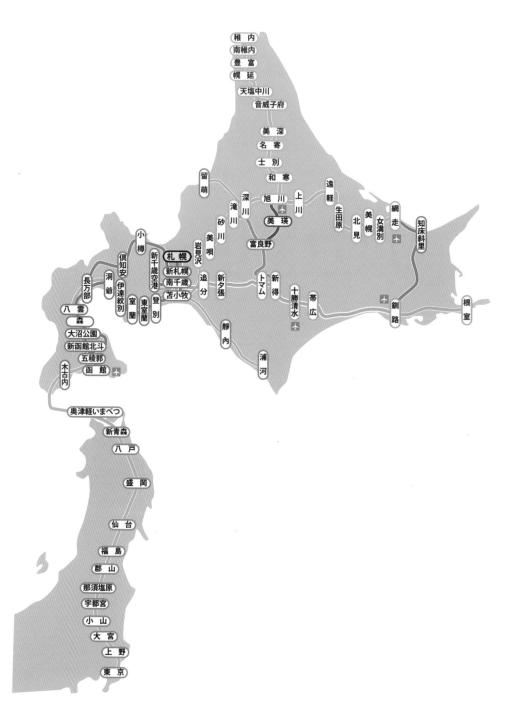

稚内
南稚内
豊富
幌延
天塩中川
音威子府
美深
名寄
士別
和寒
留萌
深川
旭川
上川
遠軽
生田原
美幌
北見
網走
女満別
知床斜里
滝川
砂川
美唄
富良野
トマム
新得
十勝清水
帯広
釧路
根室
小樽
倶知安
洞爺
伊達紋別
室蘭
東室蘭
岩見沢
新札幌
新千歳空港
南千歳
苫小牧
登別
追分
新夕張
静内
浦河
長万部
八雲
森
大沼公園
新函館北斗
五稜郭
函館
木古内
奥津軽いまべつ
新青森
八戸
盛岡
仙台
福島
郡山
那須塩原
宇都宮
小山
大宮
上野
東京

札幌

地下鐵南北線

麻生 N01
北34條 N02
北24條 N03
北18條 N04
北12條 N05

栄町 H01
新道東 H02
元町 H03
環状通東 H04
東区役所前 H05

宮の沢 T01
発寒南 T02
琴似 T03
二十四軒 T04
西28丁目 T05

北13条東 H06

バスセンター前

地下鐵東豐線

札幌 さっぽろ N06 H07

T06 円山公園
T07 西18丁目
T08 西11丁目

大通 T09 N07 H08

T10
菊水 T11
東札幌 T12

薄野 N08
豊水すすきの H09
白石 T13

中島公園 N09
学園前 H10
南郷7丁目 T14

幌平橋 N10
豊平公園 H11
南郷13丁目 T14

新さっぽろ T19

中之島 N11
美園 H12
南郷18丁目 T16

ひばりが丘 T18

平岸 N12
月寒中央 H13

南平岸 N13
福住 H14

澄川 N14
大谷地 T17

自衛隊前 N15

地下鐵東西線

真駒內 N16

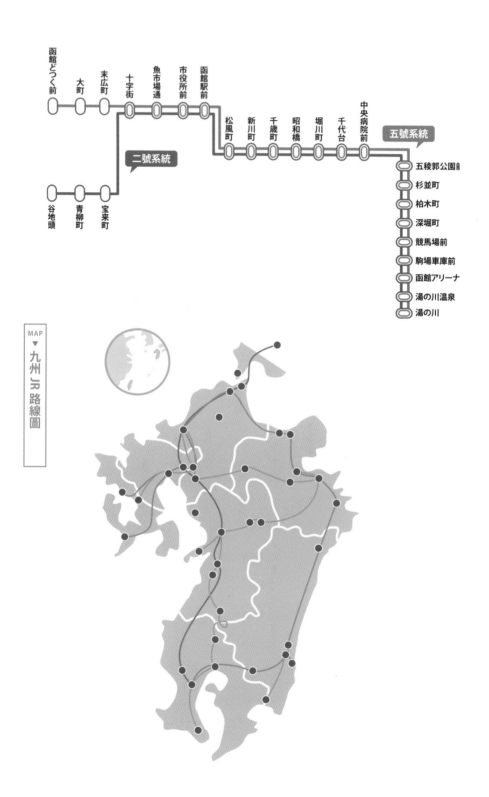

函館どつく前
大町
末広町
十字街
魚市場通
市役所前
函館駅前
松風町
新川町
千歳町
昭和橋
堀川町
千代台
中央病院前

二號系統

五號系統

五稜郭公園前
杉並町
柏木町
深堀町
競馬場前
駒場車庫前
函館アリーナ
湯の川温泉
湯の川

谷地頭
青柳町
宝来町

馬出九大病院前
箱崎宮前
箱崎九大前
貝塚
換乗西鐵貝塚線

箱崎線

H04
H05
H06
H07

西鐵貝塚線

名島
西鐵千早
香椎宮前
西鐵香椎
香椎花園前
唐の原
和白
三苫
西鐵新宮

H03 千代県庁口

H02 呉服町

換乗西鐵天神
大牟田線

機場線

JR筑肥線

直連JR筑肥線

K01 K02 K03 K04 K05 K06 K07 K08 H01 K09 K10 K11 K12 K13

N16

西唐津
唐津
和多田
東唐津
虹ノ松原
浜崎
鹿家
福吉
筑前深江
大入
一貴山
筑前前原
美咲が丘
加布里
波多江
周船寺
九大学研都市
今宿
下山門
姪濱
室見
藤崎
西新
唐人町
大濠公園
赤坂
天神
天神南
中洲川端
祇園
博多
東比惠
福岡機場

N15 渡辺通駅

七隈線

N01 N02 N03 N04 N05 N06 N07 N08 N09 N10 N11 N12 N13 N14

橋本
次郎丸
賀茂
野芥
梅林
福大前
七隈
金山
茶山
別府
六本松
桜坂
薬院大通
薬院

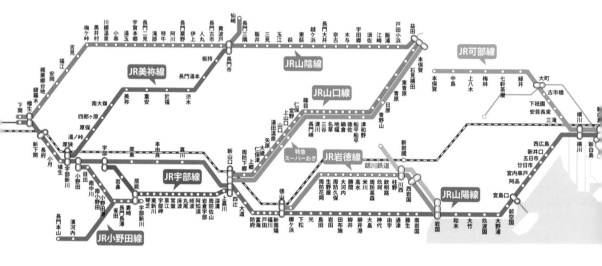

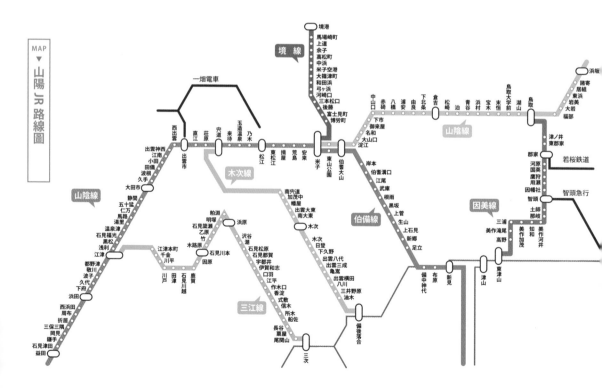

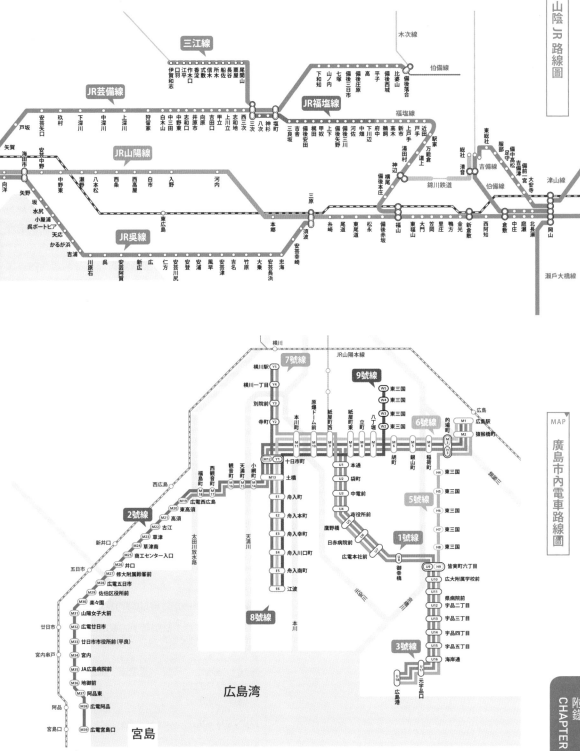

2AF687

去日本自助旅行！給超新手的旅遊密技全圖解：
交通攻略X食宿玩買X旅程規劃，有問必答萬用QA 暢銷最新版

作　　　者	超級旅行貓（梁詠怡）- 文／	
	超級旅行狗（梁匡民）- 攝影／	
責任編輯	李素卿、莊凱晴	
版面構成	江麗姿、任紀宗	
封面設計	走路花工作室	
地圖繪製	江麗姿	
行銷企畫	辛政遠、楊惠潔	
總 編 輯	姚蜀芸	
副 社 長	黃錫鉉	
總 經 理	吳濱伶	
發 行 人	何飛鵬	
出　　　版	創意市集	
發　　　行	城邦文化事業股份有限公司	
	歡迎光臨城邦讀書花園	
	網址 www.cite.com.tw	

香港發行所　城邦（香港）出版集團有限公司
　　　　　　香港灣仔駱克道 193 號東超商業中心 1 樓
　　　　　　電話：(852) 25086231
　　　　　　傳真：(852) 25789337
　　　　　　E-mail：hkcite@biznetvigator.com

馬新發行所　城邦（馬新）出版集團
　　　　　　Cite (M) Sdn Bhd
　　　　　　41, Jalan Radin Anum, Bandar Baru Sri
　　　　　　Petaling, 57000 Kuala Lumpur, Malaysia.
　　　　　　電話：(603) 90563833
　　　　　　傳真：(603) 90576622
　　　　　　E-mail：services@cite.my

客戶服務中心
地址：115 臺北市南港區昆陽街16號5樓
服務電話：（02）2500-7718、（02）2500-7719
服務時間：周一至周五 9：30 ～ 18：00
24 小時傳真專線：（02）2500-1990 ～ 3
E-mail：service@readingclub.com.tw

※ 詢問書籍問題前，請註明您所購買的書名及書
　號，以及在哪一頁有問題，以便我們能加快處理
　速度為您服務。

※ 我們的回答範圍，恕僅限書籍本身問題及內容撰
　寫不清楚的地方，關於軟體、硬體本身的問題及
　衍生的操作狀況，請向原廠商洽詢處理。

※ 廠商合作、作者投稿、讀者意見回饋，請至：
FB 粉絲團・http://www.facebook.com/InnoFair
Email 信箱・ifbook@hmg.com.tw

若書籍外觀有破損、缺頁、裝訂錯誤等不完整現象，
想要換書、退書，或您有大量購書的需求服務，都
請與客服中心聯繫。

印　　　刷	凱林彩印股份有限公司	
	2024 年 9 月 Printed in Taiwan	
定　　　價	350 元	

國家圖書館出版品預行編目(CIP)資料

去日本自助旅行！給超新手的旅遊密技全圖解：交通
攻略X食宿玩買X旅程規劃，有問必答萬用QA　暢銷
最新版/超級旅行貓（梁詠怡）–文／超級旅行狗（梁
匡民）–攝影. -- 初版. --臺北市：創意市集出版：城邦
文化發行, 2023.1
　面；　公分

ISBN 978-626-7149-48-5(平裝)

1.自助旅行 2.日本

731.9　　　　　　　　　　　　　　　　111019562